Een huis in Engeland

ANDER WERK VAN MAARTEN ASSCHER

Dodeneiland. Vier geschiedenissen
Verbarium. XXVI gedichten
Strindbergs dood. Verhalen
Julia en het balkon. Novelle
De verstekeling. Novelle
Dingenliefde. Autobiografische essays
Nachtvraat. Gedichten
Het uur en de dag. Roman
Bekentenissen van een nieuwsgierig mens. Columns
H_2Olland. Op zoek naar de bronnen van Nederland.
Non-fictie
Appels en peren. Lof van de vergelijking. Beschouwingen
Engagement, taal en verbeelding.
Frans Kellendonklezing 2015
Het uur der waarheid.
Over de gevangenschap als literaire ervaring. Studie
De geboorte van een ruïne. Rudy Kousbroeklezing 2017
Toch zit het anders. Essays
De ontdekking van Rome. Homeruslezing 2018
Kort geluk. Columns

Maarten Asscher

Een huis in Engeland

Roman van een kleinzoon

2020
DE BEZIGE BIJ
AMSTERDAM

Eerste druk februari 2020
Tweede druk februari 2020
Derde druk maart 2020

Omslagontwerp Brigitte Slangen
Omslagfoto Kew, ca. 1961
Foto auteur Sacha de Boer
Vormgeving binnenwerk Perfect Service
Druk Bariet Ten Brink, Meppel
ISBN 978 94 031 82100
NUR 301

debezigebij.nl

Maarten Asscher kan als spreker worden geboekt via Beespeakers.com, het sprekersbureau van De Bezige Bij.

MIX
Papier van verantwoorde herkomst
FSC® C004472
FSC
www.fsc.org

Bij de productie van dit boek is gebruikgemaakt van papier dat het keurmerk van de Forest Stewardship Council (FSC®) mag dragen. Bij dit papier is het zeker dat de productie niet tot bosvernietiging heeft geleid.

Voor Erik, et in Arcadia tu

Fiction only triumphs when it fails,
when it lets us see the traces of reality.
Alejandro Zambra

Intorno al tuo lettino
c'è rose e gigli, tutto un bel giardino.
Giovanni Pascoli

Proloog

Sinds lang ben ik 's ochtends al vroeg wakker. Te vroeg. Als ik al eens voor de zekerheid een wekker zet, krijgt die nooit de kans te laten horen waarvoor hij bestemd is. Ook wanneer ik in plaats van tegen middernacht pas om een of twee uur naar bed ga, word ik nooit later dan tussen vijf en zes wakker, nog afgezien van de tijd die ik tussendoor wakend heb doorgebracht.

Volgens mijn moeder ben ik een week te laat geboren. Zou het zo zijn dat ik onbewust elke ochtend een stukje van deze aan het begin opgelopen vertraging probeer in te halen? Me dunkt dat die achterstand in de afgelopen decennia dan wel is weggewerkt. Maar hoe leg ik aan mijn lichaam uit dat er heus wel wat langer mag worden doorgeslapen?

Aan het begin van de nacht in slaap vallen kost me over het algemeen niet veel moeite. Dat is een kwestie van enkele minuten stil blijven liggen en hoogstens een of twee keer omdraaien, maar dat geldt dus niet voor doorslapen, laat staan voor uitslapen. Zodra, na maximaal een paar uur, de slaap wijkt en een eventuele droom is vervlogen, is het gedaan met de nachtrust. Op commando slapen? Ik kon het vroeger niet en kan het nog steeds niet. Hoe krijgen veldheren het voor elkaar om even een kwartier onder zeil te gaan, zodat ze vervolgens met opgefriste moed de strijd weer kunnen voortzetten? Ook van sommige diersoorten is bekend dat ze hun noodzakelijke rust in termijnen over de nacht en de dag weten te spreiden.

Wanneer ik op mijn rug lig, is er achter in mijn keel iets wat de gewenste regelmatige en volledig ontspannen ademhaling verhindert. Zou dat operabel zijn? Op mijn zij lukt het letterlijk niet mijn ogen te sluiten. Mijn oogleden blijven bibberend hangen. Pretenderen dat ik volledig in ruste ben heeft geen zin; mijn lichaam laat zich daardoor niet bedriegen. Het knopje waarmee de inslaapfunctie wordt bediend zit er bij mij gewoonweg niet op.

Wat wel af en toe gebeurt is dat ik verkwikt uit een tamelijk diepe slaap wakker word: hèhè, eindelijk is het gelukt. Dan blijkt het bijvoorbeeld kwart over een te zijn en heb ik niet meer dan ongeveer anderhalf uur geslapen. In plaats van een paar keer omdraaien en vanzelf inslapen, zoals bij het naar bed gaan, is er vanaf dat moment sprake van eindeloos woelen, kussen omkeren, stilletjes het onderlaken rechttrekken, nog een keer op de andere zij draaien en weer opnieuw proberen, en dat alles op een manier waar degene die naast mij ligt zo weinig mogelijk last van heeft.

Jarenlang heb ik geleefd in het frustrerende besef dat een mens om gezond en fit te blijven acht uur slaap nodig heeft, een derde deel van een etmaal, waarvan de beide overige gelijke delen aan werken en zogenaamde ‘vrije tijd’ worden besteed. Dit moet wel lariekoek zijn, want al decennialang kom ik aan nachtrust niet veel verder dan de helft, en die vier of vijf uur slaap per nacht sprokkel ik in twee of drie stukken bij elkaar.

De kern van het probleem is: het lukt me niet mijn geest uit te zetten. Ook – of juist – wanneer ik ga liggen, blijft die onbeheersbaar doormalen, zoals twee molenstenen over elkaar heen draaien. Als er niks tussen gegooid wordt in de vorm van belevenissen, indrukken, gesprekken of lectuur, malen die twee stenen zich onherroepelijk tegen elkaar kapot. Tenzij ik onverwijld opsta. Dat doe ik dan, maar niet altijd. Om halfzes de werkdag laten beginnen is goed te doen, maar om vier uur? Om drie uur?

Soms blijf ik liggen, ook al is dat een even hulpeloze als hopeloze toestand, waarin de keten van associatieve gedachten steeds weer uitkomt bij dezelfde onoplosbare, want meestal voorbije kwesties. Sommige daarvan zijn groot (liefde, dood, scheiding, ziekte, gemis), andere dikwijls te futiel voor woorden (een vervelende ontmoeting, een slechte aankoop, een scherpe mailwisseling, een onterechte factuur). Groot of klein, zodra ik uit bed stap verdampen deze kwesties direct, en vervluchtigt de stroom van nutteloos gepieker. Wat gebeurt er in liggende toestand binnen het menselijk brein, een mechaniek dat overdag zoveel beter gehoorzaamt aan de wensen van de 'hoofdbewoner'?

Afwisselend heb ik geprobeerd mijn probleem op te lossen door helemaal niet meer op de wekker te kijken, door te slapen met het raam wijd open, door

’s avonds laat geen koffie of thee of alcohol meer te drinken of door nog een late avondwandeling te maken. Ik heb valeriaandruppels ingenomen, warme melk met honing gedronken, zelfs een keer een bananensmoothie geprobeerd. Wat je op internet en van goedbedoelende vrienden en kennissen al niet aan tips krijgt: Bachbloesems, melatonine, sint-janskruid, kamillethee. Het haalde allemaal niks uit. Alleen chemische slaaptabletten, die heb ik nooit aangedurfd. Dan zou ik mijn bewustzijn uit handen geven, zonder te weten op welk moment en in welke conditie ik het weer terugkrijg.

Nachtrust was in mijn kinderjaren zoiets vanzelfsprekends. Het ritme van overdag actief zijn en ’s nachts uitrusten verliep zonder enige moeite, als een uitvergrote versie van het menselijke in- en uitademen. En nog heerlijker dan in mijn eigen kinderbed thuis sliep ik vroeger in het huis van mijn Engelse grootouders van vaderskant, Oa en Oma Roosje genaamd. Hun huis stond – het staat er nog steeds, maar zoals ik het heb gekend is het sinds tientallen jaren verdwenen – in Kew, in het Engelse graafschap Surrey, een voorstadje van Londen, deel uitmakend van de gemeente Richmond upon Thames.

Mijn eigen ouderlijk huis was niet een vast gegeven. Voordat ik naar de kleuterschool ging, waren we al twee keer verhuisd. Later gebeurde dat nog een aantal malen, vanuit het westen van Nederland via het midden naar het oosten van het land, en daarna ging ik terug naar het westen om te studeren. Als mensen vragen waar ik vandaan kom, heb ik daar in feite geen eenduidig antwoord op. In de stad waar ik geboren ben, ging ik niet naar de middelbare school, en waar ik op de middelbare school zat, daar woonden we al niet meer toen ik eindexamen deed. Er is niet één huis dat ik ondubbelzinnig kan beschouwen als Het Huis Van Mijn Jeugd.

Behalve dan het huis van mijn grootouders in Kew. Wie weet sliep ik daar wel zo geweldig goed omdat hun huis er altijd was en omdat er nooit iets aan veranderde. Niet aan de indeling, niet aan de meubels en de schilderijen, evenmin aan de tuin, noch aan de nabijgelegen Royal Botanic Gardens, en vooral niet aan het logeerbed, dat jaar in, jaar uit in de lange zomervakantie onveranderlijk voor mij klaarstond. Dat zachte Engelse bed in Kew! Daar ingestopt worden en dan moeiteloos voor de rest van de nacht wegzinken in – zoals dat heet – de slaap der onschuldigen.

Ik had het een keer over mijn slaapprobleem met Erik, mijn jongere broer, en vertelde over alle trucs en middeltjes die ik van tijd tot tijd heb uitgeprobeerd. We hadden een vrolijk gesprek, want het is goedbeschouwd een beetje lachwekkend om moeite te hebben met zoiets kinderlijk eenvoudigs als slapen. Zo kwamen we te spreken over onze jongenskamers in de achtereenvolgende huizen waarin we opgroeiden en over onze zomerse logeervakanties in Engeland, intussen een halve eeuw geleden. 'Tjonge,' verzuchtte ik, 'als ik ooit nog eens in dat Engelse logeerbed in Kew zou kunnen slapen, dan was ik in één keer van mijn slapeloosheid verlost.' Daarop zei Erik dat hij iets voor me had. 'Nee, nee, geen poedertjes of pillen,' voegde hij nog toe, toen hij de scepsis van mijn gezicht las. 'Maar misschien heb je er iets aan.'

I

Het is 2 juli en het bed is al opgemaakt. Het weer in Engeland is stralend mooi, en alles is gereed voor de logeerpartij, zo valt te lezen in een notitieboekje dat Oma Roosje van de eerste tot de laatste bladzijde heeft volgeschreven.

Terugrekenend moet dit de zomer zijn geweest dat ik met een groep zestien-, zeventienjarige scholieren als vrijwilliger deelneem aan een archeologisch opgravingskamp in de boerenweilanden van de Alblasserwaard. In mijn herinnering sta ik een paar weken lang met leeftijdgenoten uit het hele land in de modder te prutsen, terwijl ik 's nachts in een miezerig tentje op de grond moet slapen. Overdag regent het soms zo hard dat we urenlang in een bouwkeet zitten te klaverjassen, totdat de gehavende grasbult in het akkerland waar de opgraving plaatsvindt weer een beetje begaanbaar is. 's Avonds is het een halfuur lopen door de kletsnatte weilanden naar het dorp. Daar valt in het café een fles vieux te kopen, niet dat dat zo lekker is – het tegendeel is het geval – maar zonder enkele stevige slokken sterkedrank lukt het me simpelweg niet om in een tent op de grond te slapen. Nee, dan in Kew, daar is het op dat moment volop zomerweer, en het dierbare huis met de grote tuin (en een zacht Engels bed) is helemaal klaar voor aankomst van de logé.

Een vreemde gewaarwording is het om zoveel jaren later in de aantekeningen van mijn oma dag na dag een verslag te lezen van zo'n vertrouwde Engelse zomervakantie, maar dan eentje waar ik niet bij ben, hoewel het beschreven verblijf in alle opzichten overeenkomt met de herinnering aan mijn eigen belevenissen. Vele jaren lang heb ik als kind een week of drie van de 'grote vakantie' doorgebracht in Kew. Ook daarvan moeten dit soort dagboekjes bestaan hebben, maar of die ergens bewaard zijn gebleven?

Hoe dan ook, in 1974 was dat voorbij en was het de beurt aan mijn jongere broer om daar prinsheerlijk alleen te gaan logeren. De dagelijkse verslagen toveren het allemaal tevoorschijn, in de grote blauwe halen van mijn oma's vulpen die de pagina's aan alle kanten tot de rand vullen. In gedachten zie ik haar aan het schrijfbureau in de erker van haar eigen kamer op de bovenverdieping zitten, terwijl ze 's avonds na de broodmaaltijd dit speciaal voor de gelegenheid aangeschafte vakantiedagboekje openslaat en haar dikke groene vulpen in de hand neemt.

De volgende dag om halftwee komt Erik op het geliefde adres 34 Pensford Avenue aan, nadat Oa hem met de Rover van Heathrow heeft opgehaald. Eerst gaan ze gedrieën voor de warme lunch aan tafel. Oa vertelt tijdens het eten van alles over wat Oma Roosje 'photographische techniek' noemt. 's Middags wordt er een wandeling in de Gardens gemaakt, 's avonds is er *supper* met wat het verslag enthousiast aanduidt als 'een grote tractatie!!', te weten de door mijn broertje in zilverpapier meegebrachte nieuwe haring. Voor mijn oma, die in de vooroorlogse jaren in Scheveningen op loopafstand van de zee woonde, is dat een extra dierbaar souvenir, een Hollandse lekkernij die in Engeland nergens te krijgen is.

In de daaropvolgende zomerse weken wordt er gezwommen in het buitenbad in Richmond, worden er in de tuin appels en pruimen geraapt en frambozen geplukt, en moeten dagelijks de vogels uit de fruitbomen worden verjaagd, anders valt er straks niks eetbaars meer te oogsten. Het notitieboekje vertelt over diverse familiebezoeken, en als het regent worden er oude vakantiefilms vertoond. Om op een grijze dag een paar uur aangenaam voorbij te laten gaan is er ook altijd wel een Jacques Cousteau-onderwaterfilm of een sporttoernooi op tv, al zijn de Wimbledonfinales dat jaar al achter de rug. Met Oa gaat Erik naar het Science Museum en naar de Lensbury Club, hij krijgt tekenlessen, en er zijn de terugkerende wandelingen met Oma in de uitgestrekte botanische tuinen van Kew, langs de welbekende hoogtepunten: de lelievijver, de orangerie, de bamboetuin, de rotstuinen, de pagode en de boeddhistische tempel, de rododendronvallei en de broeikassen.

In de zomer moet er intensief in de tuin gewerkt worden, waar Erik bij mag helpen, zodat ook hij – net als ik op dat moment – met zijn voeten in de aarde staat, maar wel aangenaam beschenen door de Engelse zomerzon. Gedrieën gaan ze een dagje naar Windsor

Castle en naar Eton, om te wandelen en rond te kijken. Mijn broertje krijgt een cassetterecorder cadeau (terwijl hij op dat moment helemaal niet jarig is), waarmee hij zich geweldig amuseert. Bij het muziek luisteren in Oa's studeerkamer kan hij nu ook zelf opnamen maken.

'Het was goed dat we vandaag niet naar de Tower zijn gegaan,' schrijft Oma op 17 juli, 'want daar was een bomexplosie met vele gewonden, allemaal touristen. We zullen alle *public places* maar mijden.' In plaats daarvan gaat ze met Erik naar een familieverjaardag, waar mijn grootvader uiteraard totaal geen zin in heeft, dus vermeldt het vakantieverslag heel neutraal dat Oa 'verder gaat met het buitenschilderwerk'.

Op een dag is er blijkens mijn oma's aantekeningen een discussie aan de keukentafel tussen mijn grootouders over het verschil in betekenis tussen 'zoel' en 'zwoel'. In gedachten hoor ik ze op vertrouwde wijze heen en weer tiktakken, met mijn oma die argumenten geeft, terwijl Oa slechts bij iedere beurt zijn standpunt iets luider herhaalt.

'Het is *zwoel*, niet *zoel*.'

'Nee hoor, je zegt *zoel*. *Zwoel* is iets heel anders.'

'*Zwoel*.'

'Heus, het is *zoel*. *Zoel* betekent zacht, *zwoel* betekent broeierig. Dat zijn twee heel verschillende dingen.'

'*Zwoel!*'

'Echt, je haalt twee woorden door elkaar.'

'*ZWOEL*.'

'*Zoel* – st-st-st-hèh!'

‘*ZWOEL!*’

De twist wordt met behulp van een van boven gehaald woordenboek beslecht, maar de dagboekaantekening vermeldt niet wie er gelijk had. Ik heb zo mijn vermoeden.

De nieuwsberichten geven Oma soms aanleiding tot sombere bespiegelingen: ‘De Turken rukken op Cyprus aan en het woord *invasion*, waar dan ook, bezorgt me angstige gevoelens.’ Haar eigen herinneringen aan de bezettingsjaren in Nederland klinken mee in wat ze vermeldt over de gevechten in en rond de Cypriotische hoofdstad Nicosia. En er zijn de *troubles at home*. Naar aanleiding van twee IRA-bomexplosies op Heathrow, met aanzienlijke materiële schade, verzucht ze: ‘Ik snap echt niet waarom ze de Ieren niet laten gaan.’

Voor het overige klinkt het allemaal als de gebruikelijke, zorgeloze vakantie, met nu eens uitjes en wandelingen en dan weer gezelligheid binnenshuis. ‘Zo vliegen de dagen voorbij,’ schrijft mijn oma, of: ‘Verder nog wat bomalarmen, maar overigens een heerlijke dag.’ Daar bespeur je een vleugje van de *keep calm & carry on*-mentaliteit waarom de Engelsen traditioneel zo vermaard zijn.

‘Om half één lunch,’ aldus het verslag een paar dagen later. Er is sprake van ‘bavaroise met room’ toe. Aansluitend krijgt Erik wiskundelessen van Oa. ‘Het is zo prettig voor Oa om iemand te hebben met interesse voor wiskunde,’ schrijft Oma Roosje. ‘Wat dat betreft had hij het met mij niet slechter kunnen treffen. Ik lag al overhoop met het eerste axioma en vond dat er veel meer lijnen door 2 punten konden gaan. Gewoon allemaal over elkaar heen. De leraar zei: "Dan zie je er toch maar één?" waarop ik antwoordde dat ik dat toch niet kon helpen.' De pretoogjes waarmee ze dit soort onwetendheid speelt, verraden haar overtuiging dat wiskundigen en ingenieurs nog zo knap kunnen zijn, maar dat zij in haar hart al die cijfertjes niet nodig heeft.

Op de laatste dag van de drie weken logeren in Kew maken Oma Roosje en Erik nog eenmaal een zonnige ochtendwandeling in de Royal Botanic Gardens. 'We genoten samen op het bankje bij de lelievijver,' schrijft ze die avond op de slotpagina in het notitieboekje, 'waar ik volgende week weer alleen zal zitten. Voor 1 penny ga ik daar vaak even rustig uitblazen *away from it all*.' Op de terugweg kopen ze scones voor 's middags bij de thee, zoals altijd geserveerd met *home made* jam van frambozen of pruimen uit de eigen tuin.

Terwijl ik dit allemaal zo zit te lezen, dankzij mijn broer die me dit volgeschreven vakantieboekje uitleende, kan ik een gevoel van jaloezie niet onderdrukken. Dat Erik daar drie weken in zijn eentje in het paradijs mocht verblijven! Ik weet het: mijn afgunst is belachelijk, zeker na al die jaren. Zelf had ik indertijd al zo'n vijftien van die lange zomervakanties in Kew achter de rug – vaak alleen, soms met z'n tweeën – en ik ben helemaal niets tekortgekomen. Bovendien had ik gedurende diezelfde weken de tijd van mijn leven, in de archeologische modder van het Nederlandse boerenlandschap, waar we scherven van de meer dan vierduizend jaar oude klokbekercultuur uit de grond haalden en in de blubber de kaak van een prehistorische eland vonden, met nachtelijke drinkgelagen en vage verliefdheden in de tenten of in de grote boerenschuur op het terrein. Wat waren we met die hele groep opgravende scholieren diep terneergeslagen na de door Nederland van Duitsland verloren finale in het WK voetbal, die we gezamenlijk op een boerderij vanaf een nattehondenbank mochten kijken, en hoe onvergetelijk hebben we vervolgens onze teleurstelling gesmoord in een historisch eet-, drink- en dansfeest, maar toch, maar toch. Blijkbaar heb ik me zo met 34 Pensford Avenue geïdentificeerd dat ik de hele wereld van dat huis en die tuin als iets strikt persoonlijks ben gaan beschouwen, als een paradijs dat helemaal aan mij toebehoort en dat – belangrijkst van al – nooit verloren had mogen gaan.

Dit vakantieboekje bevat een versie van deze meest intense jeugdherinneringen, die zich ergens in mijn hart en hoofd bevinden. Liever dan toe te geven aan kleingeestige jaloezie kan ik mij beter afvragen, zo houd ik mezelf voor, wat ik met die eigen herinneringen doe. Met andere woorden: zou dat innerlijke jeugdparadijs nog te bereiken zijn, kan ik het nog in de geest oproepen? In plaats van de slapeloosheid te bestrijden met middeltjes, sapjes en andere kunstgrepen, zou ik tijdens al die slapeloze uren beter kunnen proberen mijn herinneringen aan Kew naar boven te halen en die tegen de binnenkant van mijn oogleden te projecteren. Wie weet, valt dan in dat innig dierbare huis in Engeland de onbezorgde slaap terug te vinden die ik nadien ben kwijtgeraakt.

2

Als ik op mijn rug in bed lig en mijn ogen opendoe, is het eerste wat ik in de duisternis kan onderscheiden het plafond van mijn slaapkamer. Maar als ik ze daarna weer sluit, kijk ik naar het plafond van de grote logeerkamer aan de achterkant op de bovenverdieping van 34 Pensford Avenue. Ik lig in het rechter van twee ouderwetse houten ledikanten, naast elkaar met hun hoofdeinde geplaatst tegen de muur die grenst aan de slaapkamer van mijn grootouders. In het linkerbed ligt niemand, want als mijn broertje mee is, slaapt hij in de kleine logeerkamer aan de straatkant. Wanneer ik mijn hoofd naar rechts draai, kijk ik naar de deur die uitkomt op de gang. Draai ik mijn hoofd naar links, dan is daar een dubbel raam met bovenlicht dat uitkijkt over de tuin. Recht vooruit, voorbij mijn voeten, is rechts naast de schoorsteen de wastafel, met schuin daarvoor een stoel met rode bekleding waar ik 's avonds mijn kleren op leg. Links van die schoorsteen zijn twee ingebouwde klerenkasten.

Het bovenste paneel in de hoge deur naar de gang is van ondoorzichtig glas met een uit onregelmatige vlakjes opgebouwd patroon erin. Het glas is expres zo gemaakt dat je er niet goed doorheen kunt kijken, tenminste, vanaf het moment dat je daar lang genoeg voor bent. Wanneer ik 's avonds door Oma word ingestopt en zij met een gefluisterd *God bless you* een zoen op mijn voorhoofd heeft gedrukt, daar ter bezegeling een hand op heeft gelegd, vervolgens de logeerkamer is uitgelopen en de deur zachtjes achter zich heeft dichtgedaan, is het door die matglazen ruit met zijn warrelend patroon dat ik het licht in de gang zie uitgaan. Het lukt me niet om in de vlakjes van het matglas een regelmaat te ontdekken en bij het voor de zoveelste keer proberen val ik meestal zonder het speciaal te willen vanzelf in slaap.

Rondom op ooghoogte hangt aan alle muren van deze kamer – behalve boven de wastafel, waar een spiegel zit – een serie Japanse prenten in een donkere houten lijst. De prenten moeten onderling verschillend zijn, maar als ik ze een halve eeuw later goed in beeld probeer te krijgen, zien ze er allemaal eender uit: twee figuren in een huis met een groot vensterraam dat uitzicht biedt op een landschap in de verte. Ze hebben stuk voor stuk hetzelfde A4-formaat, en zijn allemaal uitgevoerd in zwart, donkerblauw en vaalrood, op een beige achtergrond. In de schilderijen beneden in de zitkamer kan ik als het ware gemakkelijk 'binnenkomen' en ik heb in elk van die geschilderde voorstellingen altijd uitvoerig rondgefantaseerd. Naar deze Japanse prenten kijk ik uitsluitend van een afstand. Ze willen niet dichterbij komen en reageren op mijn blik doen ze al helemaal niet.

De logeerkamer ligt pal boven de keuken en deels boven de *boiler room*. Wanneer ik uit bed stap en aan het raam ga staan, kan ik niet alleen in onze eigen tuin, maar ook in die van de buren kijken, die bij lange na niet zo mooi is als de onze. Het enige contact met de buren bestaat erin dat Oa zich ergert aan het geroep van hun kinderen. Zeer ontstemd is hij als het een enkele keer gebeurt dat een bal waarmee zij aan het spelen zijn, over de schutting bij ons in de bloemperken belandt. Thuis in Holland hebben wij in de straat een man een paar huizen verderop die soms achter zijn voordeur met een broodmes klaarstaat om een bal die per ongeluk in zijn tuintje terechtkomt aan stukken te snijden. Zo erg is het bij Oa gelukkig niet.

Het is een vreemd idee dat ook mijn vader en moeder in deze twee ledikanten hebben geslapen. Ben ik ooit samen met mijn ouders in Kew geweest? Ik kan het me niet herinneren. Omgekeerd logeren mijn grootouders ook nooit bij ons thuis. Als ze weleens een paar dagen in het land zijn, meestal vanuit Italië of Zwitserland op doorreis terug naar Londen, dan verblijven ze altijd in een hotel in de buurt. Mijn ouders en mijn grootouders leven in twee heel verschillende werelden, maar in allebei die werelden voel ik me volstrekt thuis.

Op de vloer van de logeerkamer ligt een roodvilten tapijt, met een los kleed eroverheen. Bij de wastafel is daar een uitsparing in gemaakt voor een badmat, die best een beetje nat mag worden als ik me sta te wassen. Voetstappen zijn in deze kamer niet te horen. In het bed kan ik 's avonds laat soms nog wel even liggen luisteren naar de geluiden van het huis: iets wat in de verte aan- of afslaat, een lichtknop die wordt omgedraaid, dichterbij het geluid van stromend water en soms het lopen van iemand door de gang. Dat laatste klinkt niet als voetstappen, eerder als het ruisen van een kortstondige aanwezigheid aan de andere kant van de deur.

Een geluid dat al snel klinkt, zodra ik mijzelf in gedachten op mijn rug in dit logeerbed uitstrek, is dat van vliegtuigen in hun daling op weg naar de luchthaven Heathrow. Als de wind uit een bepaalde richting waait en zeker wanneer het bovenlicht op warme zomernachten openstaat, hoor ik elke paar minuten het razen van een naderend passagiersvliegtuig aanzwellen. Een enkele keer spring ik nog even uit bed om te controleren of ik, afgaand op het geluid, het vliegtuigtype goed geraden had: Caravelle? DC-8? Verlengde DC-8? DC-9?

Soms is het al donker, wanneer ik tussen het gordijn en het koele glas aan het raam sta. In Engeland zijn veel meer sterren dan thuis; die lichten op zodra mijn ogen aan de duisternis gewend zijn. Af en toe knippert er iets of schuift er een lichtje door het zwart. Een komeet, of wie weet gewoon een satelliet of een heel hoog vliegend vliegtuig.

In de jaren dat we nog niet alleen kunnen reizen, worden mijn broertje en ik op Schiphol na het inchecken door mijn ouders aan een stewardess overgedragen. Die neemt ons onder haar hoede, leidt ons langs de lange rij wachtende passagiers voorbij de douane en begeleidt ons tot bij de vliegtuigtrap. Daar staat precies zo'n zelfde stewardess klaar om ons mee het vliegtuig in te nemen. Als ik de oversteek in mijn eentje maak, ervaar ik deze begeleiding helemaal als bijzonder. Vanuit mijn zitplaats in het vliegtuig zwaai ik nog door het ovale raampje met een speciaal meegenomen witte zakdoek naar mijn ouders, die op het buitenbalkon van de vertrekhal met eenzelfde witte zakdoek klaarstaan voor de laatste afscheidsgroet. Zodra het vliegtuig begint te bewegen, ben ik geheel aan de blauw geüniformeerde stewardess overgeleverd. Ze komt naast mij zitten, maakt mijn veiligheidsgordel vast en ik krijg alvast pepermuntjes voor mijn oren, en later limonade met een rietje om met kleine slokjes te drinken. Ook dat helpt.

De stewardess ziet er streng uit, maar dat is ze helemaal niet en ze ruikt erg lekker. Er zit een sjaaltje om haar nek en ze heeft oorbellen in, en haar lippen zijn zo rood dat ik er steeds naar moet kijken. Wel is het moeilijk om niet misselijk te worden tijdens de vlucht. Vooral wanneer de daling eenmaal is begonnen spant het erom of we snel genoeg op vaste bodem komen, dan is het draaierige gevoel in mijn buik snel voorbij.

Zodra we op de luchthaven mijn logeerkoffer hebben teruggevonden, loop ik weer samen met een stewardess door de douane en draagt ze me bij de deuren naar de aankomsthal over aan mijn grootouders. Het weerzien is altijd feestelijk. De stewardess neemt afscheid en zwaait ons nog na, alsof we elkaar al jaren kennen. Oa neemt mijn koffer en hand in hand met Oma Roosje loop ik een enorm eind naar de auto. Daarna gaat het vanuit de parkeergarage naar het vertrouwde adres in Kew. Vanaf het moment dat we de weg aan de linkerkant oprijden, voel ik me nadrukkelijk in Engeland. Zelf ben ik ook links, en hoor ik daarom een beetje in Engeland thuis. Helaas moeten we op school verplicht rechts schrijven.

Gegeven deze associaties met het vliegen naar Heathrow, maken overvliegende vliegtuigen wat mij betreft een fijn en kalmerend geluid. Misschien lig ik in mijn halfslaap te bedenken hoe ik nog iets dichter tegen de stewardess aan kan gaan zitten, maar door het geluid van vliegtuigen waar ik aan moest denken dwalen mijn gedachten af naar de reclamevliegtuigjes vroeger boven het zomerse strand van Bergen aan Zee. Turend met een zanderige hand boven mijn ogen probeer ik vanaf de lighanddoek de stip met de lange sliert erachter in de hemel op te sporen, maar het licht is te fel, de zon te warm of de hemel te groot, en ik zak weer terug op mijn eigenhandig gladgestreken zandbed en sluit mijn ogen. Aan de overzijde van het Kanaal, zo ben ik mij ook liggend aan het Noordzeestrand altijd bewust, wonen mijn grootouders. Soms lijkt het of je op de verre horizon nog net een streepje land kunt onderscheiden. Daar, aan de andere kant van het water, staat het huis op 34 Pensford Avenue, Kew, Surrey, England. Zelfs de postcode van dit geliefde adres ken ik nog altijd uit mijn hoofd: TW94HP.

Nu sliep ik toch echt bijna.

3

Op een dag rijden we over een brede ringweg in een buitenwijk van Londen in mijn grootvaders donkerblauwe Rover met het glimmend witte dak. Net als anders zitten mijn broertje en ik achterin, weggezakt in de diepe leren stoelen van de achterbank. In het midden de neergeklapte armleuning, waar we altijd beiden onze elleboog op willen laten rusten.

Uit het niets zegt Oa ineens: 'Hier was het. Hier ben ik geboren.'

Bevreemd veren wij overeind en draaien onze kortgeschoren hoofden in het rond. Door de achterruit zien we links en rechts van de weg rijtjeshuizen. De vierbaansweg blijkt aangelegd dwars door de straat heen waar het geboortehuis van Oa heeft gestaan. Daar is hij op 5 september 1895 geboren. De plek ligt intussen alweer een heel eind achter ons.

Pas veel later zou mij worden verteld, en niet door Oa zelf, dat zijn vader met een niet-Joods meisje wilde trouwen. Dat was iets waarvoor mijn betovergrootvader geen toestemming wenste te geven. De twee geliefden namen de wijk naar Schotland, waar je in 1894 ook zonder ouderlijke toestemming kon trouwen. Een jaar later werd uit deze eigenwijze verbintenis van Benjamin Asscher en Elisabeth Bree in Londen mijn grootvader geboren.

Ondanks het feit dat Oa in Engeland geboren is, hebben Oma Roosje en hij samen jarenlang in Nederland gewoond. Dat was vóór de oorlog, en zo zijn hun drie kinderen ook daar geboren. Waarom ze nu al zo lang in Engeland wonen? In elk geval wijst alles erop dat Oa zich in zijn geboorteland helemaal thuis voelt. Met een gemaakt plat-Engels accent zingt hij soms: *Maybe it's because I'm a Londoner / That I love London so-ooo*. Hij is er dan ook niet weinig trots op dat hij naast het Nederlanderschap al zijn leven lang ook de Britse nationaliteit bezit.

In Kew is het gelukkig nooit oorlog geweest. Toen de Duitsers probeerden Engeland te veroveren heeft Churchill ze met zijn vliegtuigen weggejaagd. De bezetting speelde zich ergens anders af, in Europa en ook in Nederland. In het huis op Pensford Avenue zijn van de hele oorlogsgeschiedenis zo te zien geen sporen te vinden en als er al een hoogst enkele keer naar verwezen wordt, lijkt het daar allemaal een stuk langer geleden dan thuis.

Omdat ik het fijn vind om naar verhalen over vroeger te luisteren, probeer ik de gesprekken vaak op het Nederland van voor de oorlog te brengen en stukje voor stukje bij elkaar te puzzelen hoe het leven van Oma Roosje en Oa er toen uitzag. Niet dat ik overal rechtstreeks naar durf te vragen, maar als ik alle flarden en fragmenten verzamel, kan ik de geschiedenis zelf in elkaar zetten.

Oa, door alle kleinkinderen consequent niet opa

of grandfather, granddad of grandpa, maar Oa genoemd, werd dus in Londen geboren. Enkele jaren later verhuisde hij naar Nederland, waar hij in Halfweg op de lagere school zat. Aansluitend ging hij naar de hbs in Zaandam en daarna naar Delft om daar voor ingenieur te studeren. Mijn oma is in Amsterdam geboren op 4 mei 1900 ('Ik ben net zo oud als de eeuw') als Roosje van der Molen, oudste dochter van de diamanthandelaar Aaron van der Molen en zijn vrouw Judith Meijer.

Oma Roosje en Oa ontmoetten elkaar al in de zomer van 1916 op het Zandvoortse strand, en bleven vervolgens tamelijk lang verloofd. Eerst moest Oa in dienst, waarbij hij tijdens de Eerste Wereldoorlog aan de Belgisch-Nederlandse grens gelegerd was. Oa laat me zelfs een keer een foto zien hoe hij met een heleboel andere soldaten op een exercitieterrein poseert bij twee ouderwetse kanonnen. Na zijn militaire dienst moest hij nog afstuderen, wat hij cum laude deed, en pas nadien volgde in 1924 hun huwelijk. Ze gingen in Haarlem wonen, waar een jaar later mijn vader geboren werd, daarna verhuisden ze naar Arnhem en ten slotte vestigden ze zich in 1930 in Scheveningen, toen Oa in Den Haag voor de Shell ging werken.

Wat ik als kind totaal niet begreep, was hoe mijn grootouders met hun drie kinderen de oorlog waren doorgekomen. Ze zaten met zijn vijven al in het 'doorgangskamp' Westerbork. Daar kwam je toch niet levend van terug? Verder snapte ik niet waarom Oma Roosje en Oa ná de oorlog voorgoed uit Nederland vertrokken waren. Waarom op dat moment niet gewoon gebleven, toen het gevaar eenmaal geweken was? Of, in het geval je echt weg wilt, waarom niet al eind jaren '30 naar Engeland verhuizen, zodra je in de gaten krijgt dat het de verkeerde kant opgaat?

In de Engelse hoofdstad zijn de enige materiële sporen van de oorlog de open plekken en de nieuwgebouwde kantoren en flats in de City, op plaatsen waar tijdens de Blitz de Duitse bommen en raketten waren neergekomen. Indertijd had ik dat niet in de gaten; voor een opgroeiend kind zijn grote gebouwen gewoon grote gebouwen. Later zag ik het verschil tussen het historische weefsel van de straten en de daarin toegebrachte verwondingen, die door de jaren heen tot littekens zijn geworden, met glimmende protheses van tientallen verdiepingen hoog waarbij de oude huizen in het niet vallen. Dergelijke sporen zijn er in Kew niet. Alles aan dat kleine villadorp suggereert, zeker in de ogen van een kind, dat het er altijd zo heeft uitgezien en dat het ook altijd zo zal blijven.

Wat wel met de oorlog te maken heeft, is dat Oa Duitse woorden uitsluitend uitspreekt op de gemene toon van een acteur die in een oorlogsfilm een Duitse officier moet spelen. Als mijn grootvader ergens buitenshuis iets smakelijks te eten krijgt voorgezet, smaalt hij met een scheve trek om zijn mond: *Wie bei Mutti zuhause*. Dat was de tekst op een bordje van een café of lunchroom in het Belgisch Park in Scheveningen. De uitbater wilde de bezetters zo graag binnenhalen dat hij een bordje met die verwelkoming achter het raam had bevestigd. Onnodig te zeggen dat mijn grootouders, die aan het begin van de oorlog in hetzelfde Belgisch Park op de Brugsestraat 21 woonden, met een grote boog om dit collaborerende etablissement heen liepen. Na de oorlog weigerde Oa niet alleen ooit nog naar of door Duitsland te reizen, hij wilde er zelfs niet meer overheen vliegen. Hij maakte ook niet-geringe bezwaren toen mijn vader begin jaren '50 van zijn eerste als advocaat verdiende geld een radio van het merk Grundig gekocht bleek te hebben.

Buiten deze paar losse verhalen en observaties is de oorlog in Kew onzichtbaar. Boeken, foto's, voorwerpen? Ze zijn er niet, in elk geval krijg ik ze niet te zien of te horen. Dat is op zichzelf fijn, en het maakt het huis met zijn grote tuin des te meer tot een paradijs waar alles is zoals het in mijn jeugdige ogen moet zijn.

In Nederland daarentegen is de oorlog overal aanwezig. De straat achter de onze, waar ik elke dag doorheen loop op weg naar school, is vernoemd naar een verzetsstrijder, en in een volgend huis hebben we jaarlijks oorlogsveteranen te logeren die voor de herdenking komen. Het zijn indrukwekkende oude mannen, die in het bos achter onze tuin nog precies kunnen aanwijzen waar ze zich in 1944 verschanst hadden om de vuurgevechten met de Duitsers te doorstaan. Als bewijs voor hun herinneringen liggen her en der onder de dikke laag blaren roestige granaathulzen verscholen. Ik weet er alles van, maar durf niet te vertellen dat ik daar op een geheime plaats in het bos een verzameling van heb aangelegd.

Ook sommige van onze dagelijkse spullen in huis dragen tastbare sporen van de oorlog, zoals de zilveren servetring van mijn vader. Op verzoek van mijn broertje of van mij is mijn vader aan tafel soms bereid om – met zijn servetring in de hand – dit ene verhaal voor de zoveelste keer te vertellen. Spoedig na het begin van de oorlog heeft Oa alle sieraden en het zilveren bestek in een doek gewikkeld. Daar heeft hij kippengaas omheen gedaan en het geheel daarna met een laagje cement omhuld, tot hij een grote, onregelmatige klont overhield. Die klont heeft hij vervolgens ergens in Scheveningen onder de grond verstopt. Na de bevrijding liep mijn vaders servetring een scherpe deuk op van de spade waarmee de familiekostbaarheden weer werden opgegraven. Mijn vader had deze deuk eruit kunnen laten halen, maar hij heeft het expres zo gelaten. Ik ben altijd jaloers op die deuk geweest. Mijn servetring is gewoon glad, niks aan te beleven. Dingen met een verhaal zijn mooier dan dingen zonder een verhaal, al weet je nooit helemaal zeker of het inderdaad precies zo gegaan is.

Een zonnig bloemenschilderij dat bij mijn ouders aan de muur hangt, is ook zo'n spoor. Dat heeft mijn vader van de door hem uit Duitsland ontvangen *Wiedergutmachung* gekocht. Hij wilde van het geld iets positiefs kopen, iets lichts, iets waar hij van kon genieten. Ondanks het vele geel en rood wil het in mijn ogen niet echt een aangenaam schilderij worden. De kleuren zijn te fel en te verschillend.

Dergelijke oorlogsdingen zijn er aan de kant van mijn moeder niet, al heeft zij verhalen genoeg, bijvoorbeeld over hoe ze als veertienjarig meisje met haar broers en haar jongere zusje en een twintigtal evacués vanaf september 1944 een paar maanden lang in de kelder van hun Nijmeegse huis de 'granatentijd' heeft uitgezeten. Wanneer ik bij die andere grootouders logeer, wil ik altijd graag mee die kelder in, zogenaamd om de aardappelen en de kolen voor de kachel te zien, in werkelijkheid om de oorlog te ruiken.

Bij ons thuis in de kleine boekenkast in de woonkamer staat op de onderste plank een fotoboek getiteld *De gele ster*, waarin het ergste te zien valt. Hoe vaak heb ik niet, als jongetje van acht of tien, wanneer mijn ouders de deur uit waren, stiekem in dat boek liggen kijken. Gruwelijk, onbegrijpelijk, fascinerend. Zijn mijn grootouders met hun drie kinderen – en dus ook mijn vader – daarbij geweest? Van mijn vader weet ik dat ze in Westerbork zaten, veel meer dan dat kom ik niet te weten.

Ook in het huis in Kew valt op deze vraag niet zomaar een antwoord te verkrijgen. De vraag bestaat bovendien alleen vaagweg in mijn hoofd, en er is geen sprake van dat ik hem in al zijn directheid onder woorden kan brengen en hardop aan iemand durf te stellen. Als Oma een enkele keer begint te vertellen over de schoollessen die zij als onderwijzeres in Westerbork heeft gegeven, wordt haar door de anderen vrij spoedig te verstaan gegeven dat 'we' op deze verhalen niet zitten te wachten. Tevergeefs probeer ik me Oma Roosje als juf van een klas voor te stellen, en nog wel in een concentratiekamp. Heeft het nog zin om daar naar school te gaan?

Groot is mijn verbazing als ik thuis op een keer van mijn vader hoor dat er in de tuin in Kew, ergens links achterin bij de *compost heap*, op een plaats die alleen mijn grootvader en mijn oom Dolf, de jongere broer van mijn vader, precies kennen, opnieuw het nodige aan zilver en familiesieraden in de grond begraven ligt. Waarom? En dat in Engeland? De oorlog is toch allang afgelopen? Aan de scherpe toon waarop mijn vader me dit vertelde kon ik merken hoe gepikeerd hij was dat hij hier buiten gehouden werd; tegelijk haalde hij er zijn schouders over op en zei dat het hem niks kon schelen.

Bij een van de zeldzame gelegenheden dat we het met zijn tweeën wat uitvoeriger over de oorlog hebben, vertelt mijn vader dat de jongere zus van Oma Roosje samen met haar echtgenoot in Auschwitz is vermoord. Zij was nog geen dertig, haar man een paar jaar ouder. Mijn vader spreekt in afgemeten zinnen. Wel vertelt hij nog dat hij als kind aanwezig was op de bruiloft in Den Haag van deze – voor hem – tante Greetje en oom Jo. Het was de allereerste keer van zijn leven dat hij een keppeltje op moest. Hij vond het indertijd maar een raar ding. 's Avonds was er een diner in Hotel Paulez in Den Haag.

Op basis van deze schaarse gegevens kan ik nu, dankzij de onberispelijke Duitse administratie van toen, eenvoudig op het internet nagaan dat tante Greetje en oom Jo beiden op 19 november 1943 in Auschwitz werden omgebracht. Vroeger klonk zo'n historische datum ver weg en ook het woord 'oudtante' suggereerde indertijd een grote afstand. Dat is een vertekening van het jeugdige leven die in latere jaren vanzelf ongedaan wordt gemaakt. Deze Greetje was bovendien maar liefst veertien jaar jonger dan mijn oma. Toen ik geboren werd, zou ze net drieënveertig geworden zijn. Dat klinkt al een heel stuk dichterbij.

Zelf heb ik als kleinzoon ook een donkere voorgeschiedenis, zo weet ik van mijn moeder, die het mij als eerste vertelde en die erg bedroefd kijkt wanneer ze het er weleens over heeft. Mijn grootouders hebben namelijk al eens eerder een 'oudste kleinzoon' gekregen, naar zijn grootvader William geheten. Hij was de eerstgeboren zoon van mijn vaders jongere zus, die na de oorlog met haar kersverse echtgenoot in Antwerpen was gaan wonen. Een jaar vóór mijn geboorte stierf deze William, slechts drie jaar oud, aan een ongeneeslijke ziekte.

Mijn grootouders heb ik nooit een woord over deze William horen spreken, maar in de eerste jaren dat ik als baby en peuter op Pensford Avenue logeerde heeft Oa geen enkele foto- of filmopname willen maken, terwijl hij anders altijd zo intensief met zijn camera's in de weer was. Kennelijk vertrouwde hij het nieuwe leven niet meer. Niettemin bestaat er wel degelijk een hele serie foto's van mij als tweejarig jongetje in Kew. Terwijl Oa in zijn een-na-laatste jaar nog bij de Shell in Londen aan het werk is, laat mijn oma een keer heimelijk een fotograaf aan huis komen die een uitgebreide reportage in de tuin maakt. In de kinderstoel. Met Oma op de grond. Kruipend. Samen lachend. Klap eens in je handjes. Ze moet die afdrukken enige tijd verborgen hebben gehouden, want Oa zou zeker woedend zijn geweest om een zo flagrante schending van zijn verbod.

Het verhaal van Williams zeer vroege dood blijft voor mij lang met een dreigende geheimzinnigheid omhuld, ongeveer op dezelfde plaats opgeborgen als de oorlogsjaren. Het lijkt of al deze onvertelde verhalen over vroeger, dood, Westerbork, oorlog en ziekte op een grote klont zitten in de kuil met kostbaarheden bij de compost heap, achter in de tuin van 34 Pensford Avenue. Zodra ik probeer vanuit bed vredig en ongestoord door het huis te lopen, komen al deze verhalen of ik het wil of niet vanzelf tevoorschijn. Niettemin moet ik proberen me het huis voor te stellen zoals het was, zonder – zoals met de zilveren servetring van mijn vader – iets te beschadigen. Gezien de volmaakte herinneringen die ik aan mijn lange zomerse logeervakanties in Engeland koester, moet dat mogelijk zijn. Het is een kwestie van zo precies en zo toegewijd mogelijk ronddwalen en proberen alles in beeld te krijgen wat ik nog weet. Misschien kom ik in mijn nachtelijke uren zelfs wel dingen op het spoor die ik eigenlijk vergeten was of die me vroeger niet zijn opgevallen. In elk geval staat in Kew mijn logeerbed altijd voor me klaar, en er is geen bed ter wereld waarin ik heerlijker slaap.

4

Waar begint een huis? Zoals een mens begint bij een hoofdknik, een handdruk of een zoen, zo begint 34 Pensford Avenue bij het tuinhek. Het is een smeedijzeren hek, zwartgeschilderd en met twee sierkrullen aan de bovenkant van een viertal spijlen. Aan zijn scharnieren, die door mijn grootvader goed geolied worden gehouden, hangt het hek binnen een opening in het bakstenen muurtje dat de voortuin scheidt van het trottoir.

Of is het hek diep donkergroen? Dat zijn van die details waar ik over ga twijfelen naarmate ik er langer over nadenk. Zeker is dat het tuinhek naar binnen opengaat en dat er twee scharnieren zijn die, vanaf de straat gezien, aan de linkerkant zitten. Doen dat soort details er iets toe? Nee en ja. Als ik hier vanuit bed voor mijn geestesoog de meest eenvoudige dingen al niet scherp kan krijgen, hoe moet dat dan met werkelijk belangrijke en complexe onderwerpen?

Dus nog even verder inzoomen: rechtsboven in het tuinhek zit een – hoe heet zo'n ding? – hendeltje, klinkje, ik bedoel het palletje waarmee het hek in gesloten toestand vergrendeld is. Dit palletje heeft de vorm van een wenkbrauw zoals je die geschilderd of ingelegd ziet op Egyptische dodenmaskers en mummiekisten, met een uitlopende streep vanuit de buitenste ooghoek naar opzij. Het boogvormige wenkbrauwdeel van het hendeltje druk je omlaag en daarmee verheft het naar opzij uitstekende dunne staafje metaal zich uit het liggende deel van het afsluitmechanisme dat aan het muurtje bevestigd is. Hetzelfde principe als bij de grendel van een staldeur, maar dan in het klein en minder grof. Nu kun je het hek openduwen en loop je het betegelde pad naar de voordeur op.

Dat klinkt allemaal simpeler dan het in werkelijkheid is, want alles met betrekking tot dit tuinhek is ongeschikt voor kinderen: afblijven, opzij, au, pas op. Niet alleen kunnen je vingers bij het bedienen van het hendeltje op allerlei manieren beklemd raken, aan de bovenste van de twee scharnieren zit bovendien een zeer krachtige veer gemonteerd, zodat het hek nooit zomaar zal blijven openstaan. Integendeel, als iemand het hek na binnenkomst onwetend of onnadenkend loslaat, slaat het op zijn gesmeerde scharnieren met een ongenadige klap dicht. Daarbij maakt het een karakteristiek *kleng*-geluid, waarna het nog enige tijd metalig natrilt en -zingt, begeleid door een uitval van mijn grootvader, die voor de zoveelste keer uitlegt dat het hek záchtjes met de hand gesloten dient te worden.

Al met al is de thuiskomst na een boodschap, een uitstapje of een afgelegd bezoek een heel ritueel van de juiste volgorde, handen bij je houden, beter niks aanraken, niet met je jas of je kleren tegen de vette scharnieren aan komen, en ten slotte een zekere opluchting als het gemene hek door een van de volwassenen met de gewenste zorgvuldigheid geruisloos achter de laatste persoon is gesloten.

Links naast het pad naar de voordeur, daarvan gescheiden door een halfronde betonnen richel, een smalle, langwerpige border en een strook gazon, ligt de cementen oprit van de garage, rechts van het pad de kleine voortuin. Deze voortuin is in oppervlakte en opzet zoveel bescheidener dan de majesteitelijke achtertuin dat hij nauwelijks vermelding verdient. Je kunt er feitelijk niets mee, en er zeker niet in zitten, gesteld dat we zoiets aan de voorkant van het huis al zouden willen. Het is slechts een gering stukje grond met wat struiken en planten.

Als ik er nu zo vanuit mijn bed naar kijk is het mooiste aan de voorkant van het huis de rode bakstenen gevel met de kleine ruitjes waarin de witte vensterkozijnen zijn opgedeeld. Vooral de beide erkers, op de begane grond en op de eerste verdieping, geven het huis een landelijke uitstraling. Als er zoiets zou bestaan als Engelse wijn, zou een lijntekening van deze façade op het etiket van de flessen niet misstaan.

Aan de rechterkant van het huis, aan de kant van nr. 36, is een groengeverfde houten deur waarachter een smal buitengangetje tussen de beide huizen door loopt. Links van nr. 34, naast het garagepad, is een openbare steeg met een cementen ondergrond, waarin voor de afvoer van het regenwater een middengeul is aangebracht. Wie deze steeg in loopt zou na het passeren van de garage, glurend door spleten in de houten schutting, de tuin in kunnen kijken en een glimp van de achterkant van het huis kunnen opvangen. Ik kan me zo'n blik wel voorstellen, maar zelf heb ik dit nooit uitgeprobeerd. Buiten in een steeg spelen is hoe dan ook niet iets voor in Engeland, dat is meer voor in Nederland. Bij ons thuis loopt achter het kleine stenen schuurtje, dat bijna een kwart van onze achtertuin in beslag neemt, een met kolengruis aangestampte steeg, waar mijn kleren al vies van worden wanneer ik er één keer in volle vaart doorheen ren. Ook van rennen is in Kew trouwens geen sprake.

Wat ik vanaf het tuinpad naar de voordeur niet kan zien, wel als we van een afstand over het brede trottoir aan komen lopen, is dat vanuit de beide zijmuren van het huis twee schoorstenen boven het dak uittorenen. Die hoge stenen schoorstenen geven het huis een historische, vagelijk industriële sfeer, zoals de daken van het drukke, negentiende-eeuwse Londen: Charles Dickens, schoorsteenvegers, stoomlocomotieven en schreeuwende straatjongens met een iets te grote pet op die, tussen de zich haastende voetgangers door, de laatste editie van kranten staan te verkopen: *Read all about it!*

Ook schreeuwende straatjongens zijn hier nergens te bekennen. Kew is een kalm, ja slaperig voorstadje van Londen, waar zo weinig mogelijk gebeurt. Volgens de Encyclopaedia Britannica, waar alles in staat wat er te weten valt, komt Kew al voor in documenten uit de tijd van koning Henry VII en heette het toen Kayhough. Hoewel de naam ongeveer nog steeds zo wordt uitgesproken, is het plaatsje intussen als *suburb* opgenomen in wat wordt genoemd Greater London, een megastad waar op een oppervlakte van ongeveer de provincie Utrecht meer dan 30 miljoen mensen wonen. In Kew merk je daar niks van.

Anders dan de meeste huizen op Pensford Avenue heeft het huis op nr. 34 geen alarminstallatie aan de gevel, zo'n rechthoekig kastje met een zwaailicht, dat ook nog een geluidssignaal kan produceren. Mijn grootvader gelooft daar niet in, om twee redenen: als ze binnen willen komen, komen ze heus wel binnen. En belangrijker: een van buiten zichtbare beveiliging trekt de aandacht en verraadt dat er iets te halen valt. Dat brengt inbrekers alleen maar op ideeën. Hij heeft zijn schilderijen zelfs niet apart verzekerd: zonde van het geld, vindt hij. Op mij komt dat wel stoer over, alsof Oa – niet geholpen door enige verzekeringsmaatschappij – eventuele inbrekers ook zelf te lijf zou gaan als hij ze ooit op heterdaad zou betrappen.

Van dat soort onheilsgedachten zijn we op dit moment in het geheel niet vervuld, zoals we daar staan op de tomaatrode, diagonaal gelegde tegels van het korte pad naar de voordeur, met achter ons het veilig gesloten tuinhek. We staan klaar om naar binnen te gaan.

5

Ik ben nu regelmatig ’s nachts in gedachten met het huis in Kew bezig, maar helaas droom ik er nooit over. Om te kunnen dromen moet je eerst zien te slapen, en dat is immers een probleem. Toch slaap ik tussen mijn wakende uren door wel degelijk, en het gebeurt af en toe zeker dat ik droom. Voor zover ik mij die dromen herinner, zit er alleen nooit eentje tussen die zich afspeelt in het huis of de tuin van mijn grootouders. Het zou zo mooi zijn als mijn herinneringen me zo nu en dan uit eigen beweging zouden bezoeken, in plaats van dat ik er steeds zelf naar op zoek moet. Rondkijkend in een droom zou ik misschien ook dingen zien of meemaken die in mijn geheugen niet zo gemakkelijk meer op te roepen zijn. In plaats hiervan droom ik heel andere dingen. Of zou het kunnen dat de wereld van Pensford Avenue wel degelijk een rol speelt in mijn dromen, maar op zo freudiaanse wijze vervormd dat ik de correcte interpretatie van wat ik droom over het hoofd zie? Neem bijvoorbeeld de volgende recente droom:

> Er is een grote bijeenkomst, met veel mensen, waarop een nieuw gedicht wordt gepresenteerd.

Dat gedicht is niet alleen speciaal voor de gelegenheid geschreven, het is ook op een zeer bijzondere manier gedrukt, namelijk niet op papier, maar op een groot stuk stof. Geen gewone stof, maar een aantal lagen over elkaar heen. En in plaats van met inkt zijn de letters met een bepaalde warmtetechniek gedrukt, zodat het gedicht een reliëf verkrijgt, een tastbaarheid.

Vanaf het podium wordt mij publiekelijk gevraagd of ik het nieuwe gedicht wil presenteren door het als eerste voor te lezen. Er worden daarbij lovende woorden over mij gesproken. Zo kan ik nog moeilijker nee zeggen, iets waar ik van nature al niet goed in ben, en ik loop vanuit de volle zaal naar voren, waar ik op het podium de enorme hoeveelheid stof in mijn armen gedrapeerd krijg. Het publiek beloont mijn opkomst met applaus en wacht belangstellend af.

Op het podium, beschenen door een hele batterij lampen, sta ik met de stof te husselen en te draaien om hem goed onder ogen te krijgen. Voordat ik begin moet ik even een paar regels in het vooruit lezen om de eerste woorden meteen correct te kunnen voordragen. Helaas krijg ik de letters van de eerste regels niet scherp.

Ik merk dat de zaal nadrukkelijk zit te wachten tot ik zal beginnen met spreken. Het vervelende is alleen dat ook verderop in het gedicht de tekst niet goed leesbaar is. Het lijkt wel of de onderkant en de bovenkant van de letters zijn weggevallen, zodat alleen de stokken overblijven en ik in feite naar een rij streepjes sta te kijken. De mensen worden nu hoorbaar onrustig. Ik verschik de enorme hoeveelheid stof in mijn armen nog eens, in de hoop dat het licht zo beter op de tekst zal vallen.

Ineens zie ik dat er een motto boven het gedicht staat. Het is een Bijbelcitaat. Ik schraap mijn keel en met de grootst mogelijke moeite lukt het me die paar woorden te ontcijferen en ze bedachtzaam voor te lezen. De zaal is muisstil en wacht op wat nog komen gaat, maar de rest van de tekst op de stof die ik in handen houd blijkt nu geheel verdwenen. Met een gevoel van grote teleurstelling word ik wakker.

Droomuitlegging is een duizenden jaren oude kunst, die ik als amateur hier niet zomaar even losjes op een eigen droom ga uitproberen, maar beddengoed en poëzie vormen voor een slapeloze schrijver wel een karakteristieke combinatie. Het feit dat het om een speciaal gedrukt gedicht gaat kan verwijzen naar mijn verleden als boekenuitgever en mijn belangstelling voor het bibliofiele boek, maar waarom is het gedicht op stof gedrukt en niet gewoon op papier? En wat het podium en de zaal met mensen daarmee te maken hebben? Het meest raadselachtig is wel dat Bijbelcitaat, waarvan me uit deze droom helaas geen details zijn bijgebleven, laat staan een vindplaats. Stel je voor dat ik, die al zo lang niet in de Bijbel heb gelezen, een pasklaar Bijbelcitaat zou dromen! Dat zou pas met recht een godswonder zijn.

Korte tijd later droomde ik het volgende:

Met een hele groep mensen, door elkaar heen pratend als na afloop van een college of een symposium, loop ik door een groot gebouw. De vloer is met lichtgrijze leisteen bedekt. Door de mensen heen zie ik plotseling de Amsterdamse socioloog Abram de Swaan, die boven aan een trap met twee rode plastic krukjes bezig is. Een van die krukjes dreigt hem uit handen te vallen, en als hij dat wil grijpen ontglipt het andere hem en verliest hij zelf zijn evenwicht. Onder luid geraas valt De Swaan achter de twee krukjes aan de trap af.

Geen mens lijkt iets gezien of gehoord te hebben. In elk geval is er niemand die reageert of die even gaat kijken hoe het met de onfortuinlijke hoogleraar daar beneden gesteld is. Ik loop de trap af, maar voordat ik kan vaststellen hoe hij het maakt, zoals hij daar met die twee krukjes onder aan de trap ligt, zie ik op een van de traptreden een stapel krantjes liggen. Ik pak er een af, draai me om en loop bladerend terug naar boven. Terwijl ik mij boven weer tussen de menigte mensen beweeg, lees ik in het universitaire nieuws het bericht dat professor dr. A. de Swaan een ongelukkige val van de trap in het universiteitsgebouw heeft gemaakt. Heel gedetailleerd staat beschreven wat er met zijn ribben aan de hand is en met zijn schouderbanden.

Langzaam dringt het tot me door dat dit onmogelijk is. Tevergeefs probeer ik de aandacht van de studenten om mij heen te trekken voor mijn ontdekking dat er iets heel merkwaardigs aan de hand is. Ik spreek diverse mensen erover aan, maar niemand toont enige belangstelling. Zo, in een besef van onbegrepenheid, word ik wakker.

Het meest betekenisvolle element is hier misschien het symbolisch getransformeerde lot van de Joodse hoogleraar De Swaan, waar niemand enige belangstelling voor koestert. Zelf laat ik hem trouwens ook genadeloos onder aan de trap liggen met zijn twee rode krukjes, en word ik meer in beslag genomen door de gepubliceerde versie van het gebeurde dan door de lelijke val die De Swaan zojuist heeft gemaakt. De met leisteen geplaveide gangen en het grote trappenhuis kan ik wel plaatsen in mij bekende universiteitsgebouwen in Amsterdam en Leiden, maar waar die rode krukjes in godsnaam het symbool voor zijn? Ik zou het werkelijk niet kunnen bedenken. Het krantje is mogelijk een verwijzing naar de vele tijdschriften waar ik in de loop van mijn leven als auteur of redacteur bij betrokken ben geweest, maar een logisch verband tussen al deze verschillende elementen zou ik niet durven leggen.

Een tijdlang had ik geen interesse meer in het onthouden en opschrijven van mijn dromen, totdat ik een paar dagen geleden het volgende droomde. Ook die droom kan ik niet zomaar interpreteren, maar het merkwaardige verloop van de gebeurtenissen heeft in elk geval iets met het thema slapen te maken.

Ik lig in een bed, een ziekenhuisbed, in een witte zaal of kamer. Het lijkt wel of ik vastgebonden ben, want ik kan mij nauwelijks verroeren. Er staan ook nog andere bedden op de kamer, die zich achter witte gordijnen bevinden. Af en toe hoor ik zacht snurken of kreunen. Blijkbaar ben ik de enige die wakker is. Af en toe komt er even een dokter of een verpleegkundige binnen, maar mijn keel is zo droog dat ik er niet in slaag iets te zeggen om hun aandacht te trekken. Evenmin kan ik me verroeren om een gebaar te maken of op een alarmknop te drukken. Onverrichter zake lopen ze de kamer weer uit, terwijl ik zo dolgraag iets zou willen drinken.

Plotseling hoor ik rennende voetstappen over de gang en stormt er een haveloos uitziende man de kamer in, die duidelijk achternagezeten wordt. Zijn gezicht komt me erg bekend voor. Sterker nog, wanneer ik goed kijk zie ik dat ik het zelf ben! Hij smeekt me om hem te helpen, want hij is op zoek naar een schuilplaats. Tevergeefs probeer ik hem duidelijk te maken dat ik niets voor hem kan doen. Zonder verder iets te vragen of te zeggen kruipt hij bliksemsnel bij mij onder de dekens, en houdt zich muisstil aan mijn voeteneinde. Enkele tellen later staan er militairen of politiemensen in de kamer, die achter alle gordijnen kijken, gelukkig niet bij mij in bed. Het lukt me nog steeds niet om iets te zeggen; de geüniformeerde mannen zien er dreigend uit. Als ik iets verdachts zie, moet ik dat melden, zo bijten ze me toe en vertrekken weer, hun wapens in de aanslag.

Wanneer ik later mijn ogen open, staat er een verpleegkundige naast mijn bed. Na een paar slokken water kan ik weer praten en vraag haar in mijn bed te kijken of zij aan het voeteneinde iets ongewoons ziet. Zij slaat het beddengoed terug en slaakt een gil. In plaats van in mijn pyjama blijk ik geheel gekleed in bed te liggen, in haveloze kleren. Ze vraagt mij hoe dat mogelijk is. Ik verzwijg het incident van de afgelopen nacht en zeg dat ik diep geslapen heb en dat er bij mijn weten niets is gebeurd. Met een tevreden gevoel word ik wakker.

Ik heb in de afgelopen jaren wel een paar keer in een ziekenhuis gelegen, dat is waar, maar dat helpt me niet echt bij het begrijpen van dit onnavolgbare verhaal. Bestaan er in onze tijd nog professionele droomuitleggers die een zinvolle interpretatie kunnen geven van dit soort, op het eerste gezicht bizarre verwikkelingen? Waarschijnlijk zijn de verhalen die een familie van de ene generatie op de andere met zich meedraagt net zo geheimzinnig als de dromen die mijn 's nachts op hol geslagen geest ontleent aan enkele willekeurige grepen uit het geheugen of de fantasie. Laat de uitleg van dit soort dromen dus maar liever zitten. Het kost me soms al moeite genoeg om tot een goede interpretatie te komen van de dingen die ik in wakende toestand met mijn vijf zintuigen vroeger en nu in het echte leven heb meegemaakt.

In plaats van te dromen kan ik beter, onder eigen regie, mijn nachtelijke wandelingen door het huis in Kew voortzetten. Die leveren wellicht minder voer op voor psychoanalytici, voor mij hebben ze des te meer betekenis. En zou het welslagen van de uiterste inspanning om je iets dierbaars heel gedetailleerd te herinneren niet eenzelfde geluksgevoel kunnen opleveren als een perfecte droom, waarin alles op de wereld is zoals het zou moeten zijn?

6

In de laatste periode van zijn leven – hij is drieëntachtig geworden en overleed in 2008 – begon mijn vader steeds meer op zijn moeder te lijken, zoals die eruitzag toen ze hoogbejaard was. Zijn gezicht kreeg geleidelijk aan scherpere trekken, met nog maar weinig wang en grote, een beetje verschrikt opengesperde ogen. Hetzelfde zie ik nu gebeuren bij zijn jongere zus, mijn tante Judith, die inmiddels de negentig is gepasseerd. Niet zozeer in de spiegel, wel op foto's kan ik zien dat ikzelf op mijn beurt van jaar tot jaar meer het gezicht van mijn vader begin te krijgen. Ook mijn broer Erik en ik zijn in de afgelopen jaren duidelijk op elkaar gaan lijken. Het is al eens gebeurd dat ik hem op een groepsfoto herkende, terwijl ik het nota bene zelf bleek te zijn. Bij voldoende tijd van leven staat ons beiden ditzelfde grootogige vogelhoofd te wachten dat kennelijk voor iedereen in het ouderdomsvat zit.

Is dit een universele wet of is het binnen onze eigen familie enkel mijn grootmoeder, die in alle opzichten zo'n krachtige figuur was, dat haar nakomelingen naar haar genetische oervoorbeeld toe groeien en allemaal gaandeweg haar gelaatstrekken aannemen?

Krachtig was zij zeker en in veel opzichten was zij de spil waaromheen het huis en ook het huishouden op 34 Pensford Avenue draaide. Dat begint al meteen bij de voordeur, waar zij automatisch de regie op zich neemt.

Wanneer we thuiskomen van een uitstapje, bijvoorbeeld naar Londen, een familievisite of alleen maar een rondje boodschappen in het dorp met op de heenweg een ommetje door de Gardens, is intussen de melkboer geweest. Aan de rechterkant naast de voordeur staan twee of drie wit gevulde flessen. Het is mijn grootmoeder die bukt om ze op te pakken en mee naar binnen te nemen, nadat ze de deur heeft opengedaan en de sleutel in haar tas heeft weggeborgen. Waar de brievenbus zit – in de deur? naast de deur? – kan ik helaas niet meer onderscheiden. Ik heb daar ook nooit iets in gedaan of uit gehaald.

De blankgelakte houten voordeur – geplaatst binnen een cirkelvormig raam boven, links en rechts van glas-in-loodruitjes – is voorzien van drie verticale rijen cassettes. In de tweede cassette van boven in de middelste rij zit dik glas met een structuur van kringen erin, zodat je er wel een beetje doorheen kunt kijken, maar nauwelijks kunt zien wie of wat er zich aan de andere kant van de deur bevindt. In latere jaren, wanneer ik soms onaangekondigd voor mijn Oma's verjaardag naar Londen kom, ga ik weleens voluit met mijn in de tussentijd volgroeide postuur voor dat glazen ruitje staan zodat ze niet kan zien wie er heeft aangebeld, om mij pas om te keren zodra ze de deur opent. Dan is de verrassing des te groter, dan klinkt er een kreet van vreugde en slaat ze haar handen extra dramatisch tegen haar wangen om mijn komst, waar ze allang op had gerekend.

Nu reik ik nog lang niet tot het ruitje en stappen we achter elkaar aan naar binnen, mijn grootmoeder voorop, de vestibule in. Links zit een houten kapstok tegen de muur met metalen kledinghaken aan de voorkant en een plank erboven. Daar liggen de hoeden van mijn grootouders in stapeltjes bovenop. Aan de muur ertegenover hangt een wandspiegel, waaronder in de hoek een paraplubak op de rode tegelvloer staat. De vestibule is niet groot, zodat iedereen zich een voor een van zijn jas ontdoet. Pas daarna gaan we het huis echt binnen, met een stap over de gouden drempel, terwijl we achter ons de deur nog op een kier laten staan voor Oa, die eerst de auto in de garage zet.

Op deze glimmende drempel zijn kruiselings schuine groeven aangebracht, zodat mensen er niet over uitglijden. Voor ons was dat niet nodig geweest, want wij weten dat op deze drempel in geen geval een voet mag worden gezet. Hij glimt alsof hij werkelijk van puur goud is. Als er ook in de toekomst nooit iemand op stapt en hij regelmatig door mijn oma op haar knieën gepoetst blijft worden, zal hij tot in de eeuwigheid blijven glimmen, totdat duizenden jaren in de toekomst archeologen hem als een kostbare vondst onder meters modderige aarde of uit de diepten van de zee tevoorschijn zullen halen om hem vervolgens onder gedempt licht in een museumvitrine tentoon te stellen.

Terwijl ik er al die jaren later overheen stap, zie ik dat de drempel gewoon een koperen dekplaat is over de houten dorpel die de afscheiding vormt tussen de vestibule en de entree of de *hall*. Toch is het gevoel van plechtigheid, dat ik een heiligdom betreed, nog steeds voelbaar. Het Nederlandse woord 'hal' drukt de sfeer van de ruimte die we binnengaan dan ook niet goed uit. Dat komt ook doordat het hier zo nadrukkelijk niet Nederland is. Dat ruik ik al meteen door de kamfergeur die uit de jassen aan de kapstok komt. Aangezien ik deze geur nooit ergens anders ruik, weet ik niet beter dan dat dit een bijzonder Engels luchtje is.

Oma loopt door naar de keuken om de melk in de koelkast te zetten, een crèmekleurig gevaarte met bolle hoeken en een verzonken handgreep zoals in de dikke toegangsdeur van een vliegtuig. De fles met de rode aluminium dop is de Golden Top Milk, melk met bovenin een ruime kraag van room. Heerlijk over de Corn Flakes, de Frosties en de Ricicles, die we – vaak ook nog met suiker erop – bij het ontbijt krijgen. Dat is ook weer zo'n voordeel van Engeland, dat ik bij het ontbijt geen boterhammen hoef te eten en ook geen kleverige havermout of koude yoghurt met een beschuit erin.

Hoe dan ook, we zijn over de gouden drempel gestapt, en daarmee zijn mijn omzwervingen door dit nachthuis pas werkelijk begonnen. Mijn ademhaling is volkomen kalm en regelmatig. Ik heb geen idee hoe laat het is, maar goedbeschouwd is er geen enkele reden waarom ik nu niet in slaap zou vallen.

7

In mijn ogen is 34 Pensford Avenue zo ongeveer het ideale huis. De indeling ervan, de grootte en de hoogte van de vertrekken, de sfeer in de logeerkamer waar ik slaap, de grote achtertuin, de inrichting van de zitkamer, alles lijkt precies zo te zijn als je het zou willen hebben, gesteld dat je als kleinkind helemaal zelf mocht bepalen in wat voor huis je grootouders zouden moeten wonen. Het is daarom jammer dat er in bouwkundig opzicht één onlogische fout in het huis is geslopen, één onbegrijpelijke beslissing van de architect. Heeft niemand dit tijdig opgemerkt? Kon het de bouwers van het huis niet schelen?

Het punt is dat het huis slechts één wc heeft, en dat deze op de bovenverdieping is aangelegd. Niet handig, zeker niet als je nodig moet of wanneer er visite komt. Misschien is dit juist die ene onvolkomenheid die het huis in menselijk opzicht nog perfecter maakt, zoals Arabische tapijtwevers met opzet één foutje in het patroon van hun kleden aanbrengen, als eerbetoon aan hun God, die het alleenrecht op de volmaaktheid bezit.

Deze ene wc bevindt zich aan het einde van de gang boven, die onderweg twee rechte hoeken maakt, eerst naar links en dan naar rechts. Afgezien van het feit dat het er slechts eentje is, heeft de wc nog als praktisch nadeel dat hij over een stortbak beschikt met een wel zeer speciale gebruiksaanwijzing: je moet kordaat, maar ook weer niet te ruw aan de ketting met het houten hengsel trekken. In één keer doortrekken is niet voor iedereen weggelegd. Daar staat tegenover dat het in deze wc erg prettig ruikt. Altijd hangt er diezelfde aantrekkelijke lucht van ontsmettingsmiddel als in de stations van de Londense Underground. Anderen vinden dit misschien stinken; ik vind het juist erg lekker. En het is ook logisch dat de wc, die uitkomt op het riool, net zo ruikt als de metro. Beide bestaan immers uit een wijdvertakt ondergronds buizenstelsel.

De Underground van Londen is een heel begrijpelijk systeem: niks vreemde afstanden en gewichten, waar ik verder in Engeland nogal eens mee worstel. Je hoeft alleen de kleur of de naam van je lijn te onthouden en de richting waarin je wilt reizen, naar het westen of het oosten, het noorden of het zuiden. Soms moet je letten op het eindstation van de trein waar je instapt, omdat er verderop een splitsing in de lijn zit, maar dat is dan ook alles. Wij zitten aan de groene District Line. Als we de stad ingaan, reizen we Eastbound, wanneer we terugkomen is het Westbound, met Richmond als eindstation. Gemakkelijker kan het niet.

De ratelende Underground-rijtuigen ruiken niet alleen anders, ze klinken ook heel anders dan de treinen in Nederland: ze klapperen een beetje, alsof ze struikelend over grote vogelpoten vooruithollen. De zachte stoelen, comfortabel als fauteuils, zijn met een fraaie stof bekleed en als ik kan zitten (tot er een volwassene aan komt voor wie ik aanbied op te staan, vóórdat iemand me dat vraagt), word ik zachtjes schommelend heen en weer gewiegd. De omroepberichten in de trein en op de stations klinken als een gebed, een steeds terugkerende formule, waar ik boven op het wiegen nog extra slaperig van word, zeker als we met Oma Roosje langdurig in de City hebben gewandeld of met Oa uitgebreid door een museum hebben gelopen.

Vanaf ons vaste overstapstation Hammersmith ken ik de bovengrondse stations van de Londense suburbs op weg naar huis nog altijd moeiteloos als een seculiere rozenkrans uit mijn hoofd, en als een nachtelijk gebed spreek ik de namen voor mij uit: Ravenscourt Park, Stamford Brook, Turnham Green, Gunnersbury (met zijn lelijke moderne parkeergarage naast het station) en vervolgens na het oversteken van de brede Theems: Kew Gardens. Bij aankomst moeten we onze kaartjes aan een geüniformeerde controleur met een pet laten zien, anders kunnen we het station niet uit. Dat lijkt mij een streng maar sluitend systeem; zwartrijders moeten de rest van hun leven op het station wonen.

Bij het verlaten van het kleine station in Kew, met slechts twee sporen, kunnen we op twee manieren naar huis lopen. Of we lopen via de voorkant langs de apotheek, met buiten het jongetje van Dr. Barnardo dat een gleuf boven in zijn hoofd heeft, voorbij de grote rode dubbeldekkers tegenover de bank, en dan linksom over High Park Road. Dan ga je via een gietijzeren verkeersbrug hoog over het spoor, en kijken we uit op de rails waar we zojuist overheen reden. Of we gaan via de achterkant en daar kunnen we kiezen tussen een bovenover (een betonnen loopbrug zonder uitzicht) of een onderdoor (in de vorm van een voetgangerstunneltje). In dat tunneltje ruikt het nog lekkerder naar ontsmettingsmiddel dan op en rond de rest van het station en bijna zo lekker als op de wc.

Vanaf High Park Road, staande op het trottoir van de gietijzeren verkeersbrug, heeft Oa een foto gemaakt van het station van Kew, die hij vervolgens op groot formaat heeft laten afdrukken. Die afdruk heeft hij me in een crèmekleurig papieren mapje cadeau gedaan. Je ziet de beide perrons, met de twee sporen daartussen, en de betonnen loopbrug bovenover. Langs het perron staat een Underground-trein die net vanuit de City moet zijn aangekomen en ieder moment kan gaan rijden in de richting van zijn eindstation Richmond. Je kunt deze foto op verschillende manieren beschrijven: hij is zwart-wit en messcherp, hij bestaat voor meer dan de helft uit grijze lucht en alleen met behulp van een vergrootglas kun je met moeite twee levende wezens onderscheiden die op een perronbankje zitten te wachten op hun verbinding naar Londen. In mijn ogen ziet deze foto eruit als het schoolplein, wanneer ik daar tijdens de vakantie af en toe eens een kijkje ga nemen: alsof er een epidemie is uitgebroken en alle menselijk leven weggevaagd is.

Wel leuk van de foto is dat het dorpse winkelstraatje van Kew er nog net op staat, waar je aan de achterkant van het station lopend op weg terug naar Pensford Avenue langs komt. Daar zijn de winkels waar Oma haar boodschappen doet. Ze betaalt er met al die onbegrijpelijke grote en kleine munten van het Engelse geldsysteem. Sommige zijn niet eens rond, maar zeven- of twaalfkantig. Ook de prijzen van de verschillende winkelartikelen vormen een raadsel (*two and six*, *three and four*), dat nog vergroot wordt door de vermenigvuldiging met het Engelse gewichtenstelsel. Ik hoef gelukkig niks uit te rekenen en sta meestal met de neuzen van mijn schoenen te schrijven in het zaagsel op de vloer van de slager of kijk naar het zwarte poedeltje van de groenteboer. Op het rijtje zit ook een bakker met een mevrouw achter de toonbank die er net zo poederig uitziet als haar broodjes en als laatste op de rij naar huis is er de garage waar Oa's Rover vandaan komt.

Voorbij die garage, onder het spoor door, de tweede straat linksaf, net om de hoek van Nylands Avenue, zie ik voor het eerst van mijn leven een dood vogeltje. Zo kom ik erachter dat zielig en mooi op een of andere manier bij elkaar horen. De plaats blijft voorgoed een speciale betekenis houden. Even later steken we de straat over en vervolgens slaan we rechts af Pensford Avenue in. In de verte links zie ik al het vertrouwde rode bakstenen huis op nr. 34.

Als ik op school mijn ideale huis moet tekenen, lijkt het onwillekeurig altijd op het huis in Kew, met links het garagepad en in het midden het tuinhek en de twee erkers boven elkaar. Voor wat betreft de binnenkant en de indeling in kamers zou ik als architect niets zelf hoeven te verzinnen en zou ik gewoon het huis van mijn grootouders nabouwen zoals het in mijn hoofd zit, maar ik zou in elk geval wel zorgen dat er een tweede wc is, zodat ik daar net zo lang kan blijven zitten als ik wil.

In de badkamer, rechts van de wc en pal boven de keuken, ruikt het zo mogelijk nog fijner, namelijk naar de Maja-zeep van Oma Roosje en de zeep van het merk Imperial Leather waar Oa zich mee wast. De eerste ruikt naar bloemen en zit in een zwarte verpakking waarop een in wijde rood-zwarte jurk geklede danseres met haar waaier pronkt. Wat voor bloemengeur het precies is? Ik heb al zo'n moeite de namen van de bloemen in de tuin te onthouden. Nu, een halve eeuw later, zou ik wel bloemen kunnen noemen waar deze Maja-zeep beslist níet naar ruikt, maar dat wordt een lange omweg naar het vastpinnen van de geur die deze zeep wél verspreidt. Op de verpakking staat: *Aroma de Seducción. Pasion Española*. Voor een volwassene klinkt dat beslist verleidelijk, maar als aanduiding van een zeepgeur geeft het weinig houvast, als dat bij geuren al mogelijk is.

Waar Oa's favoriete zeep naar ruikt, zou ik ook al niet precies kunnen zeggen; het is een bedwelmend volle geur die lang om je heen blijft hangen. In elk geval is het geen bloemengeur, eerder iets van kruiden en oliën. Op het rechthoekige, gewelfde zeeptablet zit een klein etiket, dat zodanig in de zeep is bevestigd dat het als enige overblijft terwijl de zeep zelf dag na dag eronder wegslijt. Uiteindelijk hou je alleen dat plakkertje over, waarop de merknaam in een schildje vermeld staat. Op de verpakking staat over de geur dat het een *classic, luxury fragrance* is, en dat deze zeep het vertrouwen geniet van *generation after generation*. Dat laatste klopt in ons geval zeker – ik ben er zelf het levende bewijs van, want al die jaren later ruikt het in mijn herinnering nog altijd even heerlijk – maar over de geur zelf zegt dit niks.

Het eerste wat ik bij binnenkomst in de badkamer zie is de weegschaal die op de granito vloer rechts in de hoek staat. Deze heeft een zwart stavlak en een grote ronde wijzerplaat, waarop je je gewicht in *stones* kunt aflezen. Wie niet in Engeland is opgegroeid, wordt daar niet veel wijzer van. Links om de hoek van de deur zit tegen de muur een handdoekenradiator, zodat ik altijd met een aangenaam warme handdoek word afgedroogd. Vervolgens is er de wastafel, met daarboven een muurkastje met toiletspullen, onder andere de scheerkwast en de bijbehorende scheermesjes van Oa.

De badkamer is geheel witbetegeld, met rondom – op wat bij volwassenen ongeveer ooghoogte moet zijn – een dunne zwarte tegelstreep, als een horizon in het algehele wit. Daglicht komt van het matglazen venster rechts boven de wastafel, dat uitgeeft op het buitengangetje naast het huis. Een fors deel van de badkamervloer wordt ingenomen door het ligbad, dat in de breedte tegen de achtermuur is geplaatst. Het bad is groot en diep en heeft een gevaarlijk wijd opengesperde afvoer, waar ik altijd zo ver mogelijk vandaan probeer te zitten om weg te blijven van het wild draaikolkende water dat luid gorgelend het gapende ronde afvoergat in wordt geslurpt.

In alle jaren dat ik er kwam heb ik dit huis één keer ontheiligd en dat gebeurde in de badkamer. Ik ben een jaar of twintig en neem vanuit Leiden mijn vriendinnetje mee voor een weekend bij mijn grootouders. Het is tussen ons al zo lang 'aan', en er zijn al zoveel hartelijke brieven en vakantiekaarten met Engeland gewisseld, dat het een logisch idee is haar een keer te komen voorstellen. En ik wil haar het huis graag laten zien. Dus gaan we een paar nachtjes logeren in Kew. Iedereen sluit elkaar over en weer direct in het hart en alles gaat zoals het moet. Vooral mijn oma is verrukt van haar. Bij Oa weet ik het nooit helemaal. Hij lijkt in elk geval ingenomen met het feit dat mijn geliefde zijn schilderijen weet te waarderen en dat ze er als studente kunstgeschiedenis ook nog iets zinnigs over kan terugzeggen.

Het enige onwennige is dat we in verschillende kamers moeten slapen, zij in de kleine logeerkamer, de oude kamer van oom Dolf, en ik in de grote logeerkamer waar ik mijn leven lang al slaap. We zijn niet getrouwd, nog niet eens verloofd, en dat gescheiden slapen onder het dak van twee mensen die respectievelijk in 1895 en 1900 zijn geboren, is dan ook geen punt van discussie. We beginnen er zelfs niet over. Tegelijk is het niets minder dan ondoenlijk: drie dagen zonder seks!

In Leiden zijn dit soort restricties er ook wel, maar die hebben we reeds lang weten te omzeilen. Mijn vriendin woont bij een door haar ouders uitverkoren hospita, die de toezichthoudende taken op dit punt van hen heeft overgenomen. Al te laat thuiskomen of een hele nacht ergens anders doorbrengen, dat is er niet bij. Maar extra vroeg de deur uitgaan, zogenaamd naar het sportfondsenbad, daar bestaat vanzelfsprekend geen enkel bezwaar tegen. En als ze rond een uur of zeven 's ochtends bij mij aankomt, kunnen we samen nog langdurig uitslapen en is er alle gelegenheid om de liefde te bedrijven.

In Kew kan daar geen sprake van zijn, en toch gaat het na anderhalve dag echt niet meer. Zo komt het dat ik na de tweede nacht als zij 's ochtends aanklopt om te vragen of de badkamer al bijna vrij is, de deur opendoe en haar meestribbelend naar binnen trek en vervolgens de deur weer afsluit. Ik ben al naakt en zij heeft alleen haar nachtjapon en een slip aan, die vlot naar boven respectievelijk naar beneden uit vliegen, waarna zij met haar rug tegen de witbetegelde zijmuur van de badkamer belandt, naast de weegschaal met de onbegrijpelijke stones. Onze omhelzing is intens en volledig. Ze heeft blond sluik haar, kort en kek geknipt, dat meeschokt met onze bewegingen. We proberen geen geluid te maken, maar enig gekreun is niet te vermijden.

Een halfuurtje later zitten we fris aangekleed en welopgevoed beneden aan de ontbijttafel en bevestigen zonder reserve dat we allebei werkelijk verrukkelijk hebben geslapen. Schaam ik mij? Ja en nee: twee werelden die gescheiden leken, blijken een en dezelfde te zijn, dat is alles.

Herinner ik me dit zo precies of was het een korte droom?

8

'Het is een paradijs op aarde, dit huis is te goed en te mooi en te volmaakt voor woorden,' zo schrijft mijn oma in de zomer van 1957 in haar dagboek. Het dagboek, opgetekend in een gelinieerd schoolschrift met een harde bruine kaft, komt uit een nooit uitgepakte verhuisdoos die de afgelopen jaren op mijn zolder heeft gestaan. Naar aanleiding van mijn nachtelijke wandelingen in Kew ben ik daar gaan graven en te midden van een stuk of twintig andere dozen met mijn eigen brieven, tijdschriften en documenten vond ik de juiste doos uit Engeland. Na enig uitzoeken heb ik daaruit een paar mappen met familiepapieren naar beneden gehaald.

Oma is die zomer alleen thuis in het grote huis. Haar kinderen wonen allang ergens anders – de oudste twee hebben zelfs nooit op Pensford Avenue gewoond – en Oa is voor zeven weken naar Argentinië afgereisd om daar in opdracht van de Shell een hardnekkig probleem met een aantal verbrandingsovens op te lossen. Ben ik de enige die de historische ironie van deze speciale opdracht onaangenaam treft? Wat daarvan zij, het citaat uit Oma's dagboek zou vredig hebben geklonken, als ze niet in de voorafgaande zin had geschreven: ‘Niemand schreeuwt of commandeert.’

In haar dagboek slaakt Oma Roosje af en toe dit soort verzuchtingen over het dominante en moeilijke karakter van haar echtgenoot, die zij – met een knipoog naar zijn elfde-eeuwse naamgenoot – soms liefkozend ‘William de Kankeraar’ noemt. Te midden van de vele aantekeningen over bezoek van familieleden, vrienden en kennissen, noteert ze rond dezelfde tijd, nadat een bezoekend echtpaar weer is uitgezwaaid: ‘Wills humeur was redelijk, al schommelde het nu en dan onder nul.’ Soms twijfelt ze er expliciet aan hoe het nu precies tussen hen zit. De ene keer schrijft ze: ‘Toch heeft hij een humeur, zodra er iemand is of... heeft hij ’t altijd en zie ik het alleen maar als er iemand is?’ Korte tijd later vermeldt het dagboek, op de datum van hun vierendertigste trouwdag: ‘We hebben ’t goed gehad’, en ze vervolgt: ‘Soms denk ik, zouden er veel echtparen zijn die zo weinig ruzies hadden in zo’n lang leven?’

Hoezeer ik mijn oma haar geluk ook gun, er schuilt iets tragisch in haar krampachtige behoefte zichzelf in alle opzichten, ook in haar huwelijksleven, een bovengemiddeld gelukkig bestaan toe te schrijven. Maar het is moeilijk om er vanaf zo’n grote afstand iets pertinents van te vinden, en het zouden ook de gebruikelijke twee medaillekanten van een goed huwelijk kunnen zijn, van elke duurzame relatie: zonnige en minder zonnige dagen, plus de oude wijsheid dat kibbelende stellen meestal het langst bij elkaar blijven. In elk geval toont zij zich vastberaden om het leven onder alle omstandigheden rooskleurig te blijven zien. Misschien zijn haar persoonlijke verliezen ook simpelweg te groot geweest om nog verder terrein aan mislukking en ongeluk af te staan.

Ten tijde van deze trouwdag – 28 februari 1958 – is het minder dan twee jaar geleden dat ze haar eerste kleinkind verloor. Hoe kort geleden is het nog maar dat haar jongere zus en haar zwager in Auschwitz vermoord werden. Kunnen nare herinneringen en verdriet zo weinig sporen nalaten dat iemand enkele jaren later, zelfs in de beslotenheid van een dagboek, daar zo opgeruimd overheen kan kijken? Het woord 'Westerbork' komt zelfs niet één keer voor. Is dat het doel geweest van hun radicale verhuizing naar Engeland, om schoon schip te maken en zonder de last van het verleden overnieuw te beginnen? Of was dat slechts een bijkomstig gevolg?

Een enkele keer staat zij zich in haar dagboek een sprankje nostalgisch verlangen toe naar het Holland van voor de oorlog, waarin ze als dichteres, columniste en radiomaakster ook buitenshuis een leven had, een leven dat ze eerst door de oorlog en vervolgens door haar verhuizing naar Engeland voorgoed kwijtraakte. In een zeldzame uiting van een gevoel van ballingschap, dat ik haar mondeling nooit zo heb horen formuleren, schrijft ze: 'Waarom kan een mens niet blijven waar hij vandaan komt.'

Op de schaarse momenten dat ze me mogelijk iets over Westerbork had willen vertellen, bijvoorbeeld over het dagelijks leven in het kamp of over de manier waarop ze eruit zijn gekomen, werd haar door Oa of door een van haar kinderen direct duidelijk gemaakt dat niemand op die verhalen zat te wachten. Toch had *ik* er uit haar mond graag meer over gehoord, maar hoe had ik daarnaar moeten vragen? Nu heb ik daar meer kijk op, indertijd had ik geen idee hoe een dergelijk gesprek op het juiste moment te beginnen. Zo heb ik de geschiedenis van de oorlogsbelevenissen van het gezin van mijn grootouders dus zelf her en der bij elkaar moeten sprokkelen, al piekerend en puzzelend tijdens mijn nachtelijke wandelingen door het huis in Kew en eindelijk lezend in de papieren die na mijn vaders dood bij mij terecht zijn gekomen.

Tot begin 1942 heeft Oa gedacht dat zijn dienstverband bij het internationale Shell-concern hem en zijn gezin wel de nodige bescherming zou bieden tegen tewerkstelling in Duitsland of zelfs deportatie. Hoewel mijn grootouders zich, net als de meeste Nederlandse Joden, conform de Aanmeldingsverordening uit begin 1941 correct hadden laten registreren – mijn oma als volledig Joods en mijn grootvader als half-Joods – konden de werkzaamheden die Oa als ingenieur en uitvinder verrichtte aanvankelijk als voldoende onmisbaar gelden voor het functioneren van de Nederlandse industrie. Zodoende mocht hij als voorheen aan het werk blijven en kon hij (‘*der jüdische Zivilingenieur*’) dankzij een speciale ontheffing gebruik blijven maken van het openbaar vervoer tussen Scheveningen en Amsterdam, waar hij enkele projecten onder zijn hoede had bij de Nederlandsche Scheepsbouw-Maatschappij.

Oma Roosje had haar laatste voordracht voor de

radio al op 20 december 1940 gehouden, onder de titel ‘God’s water over God’s akker’. Het typoscript van de tekst dat zich tussen haar mappen en knipselboeken bevindt, draagt een rood stempel met de tekst ‘Gecontrôleerd. Geen bezwaar’. Deze keer mocht het nog door, voor de toekomst kon ze haar literaire en journalistieke bezigheden wel vergeten.

Vanaf het voorjaar van 1942 moet het mijn grootouders duidelijk zijn geworden dat er onder de steeds verstikkender anti-Joodse maatregelen in feite geen normaal leven meer mogelijk zou zijn: kort na elkaar werd het verbod op het sluiten van een gemengd huwelijk uitgevaardigd en werd het dragen van de Jodenster verplicht gesteld. Ten behoeve van de aanleg van de Duitse kustverdedigingswerken werd het gezin later dat jaar ook nog hun huis uitgezet en gedwongen ondergebracht op het adres Huygenspark 55 in Den Haag, in een woning die aan andere, reeds weggevoerde Joden had toebehoord. Intussen mochten de kinderen ook al niet langer naar hun eigen school en waren ze gedwongen zo goed en zo kwaad als dat ging privélessen te volgen. Mijn grootouders noch hun kinderen waren op wat voor manier dan ook actief in het georganiseerde joods-religieuze leven en evenmin waren, respectievelijk werden ze in het joodse geloof opgevoed. Dat deed bij dit alles niet ter zake; het was louter de afstamming die telde. In de zomer van 1942 begonnen daadwerkelijk de massale deportaties via Westerbork naar het oosten.

Tevergeefs had Oa in de beginjaren van de bezetting op verschillende momenten en via uiteenlopende kanalen geprobeerd uit Nederland weg te komen. In mei 1940 mislukte een poging om op het laatste moment naar Engeland over te steken, wat gezien zijn Brits-Nederlandse nationaliteit een logische uitweg was geweest. Blijkens brieven aan bedrijven en bevriende contacten in het buitenland probeerde hij later nog met zijn gezin naar Zwitserland, de VS of naar Zuid-Amerika te emigreren. Eerst was hij te laat en toen de anti-Joodse maatregelen stap voor stap verstevigd werden, gold de omstandigheid dat mijn oma en hij samen als een 'Joods echtpaar' gerekend werden als een onoverkomelijke hindernis om het land uit te komen. Zijn Britse nationaliteit vormde daarbij eerder een extra beletsel dan een voordeel. Sterker nog, in de loop van 1942 werd de dikke 'J' in hun persoonsbewijzen een rechtstreekse bedreiging voor hun veiligheid en die van hun drie kinderen. Wat te doen? Of zoals ik Oa later dikwijls heb horen zeggen, met ook weer zo'n onverwisselbaar karakteristieke uitdrukking: '"Wat nu?" zei Pichegru.'

9

Mijn oma is nooit driftig, maar wel altijd energiek in haar doen. Als ik me haar nu voor de geest haal, schuin tegenover mij aan de keukentafel of in de zitkamer – zij in haar stoel, ik er schuin naast op de bank – of in de hall, als ze zich gereedmaakt om uit te gaan, dan is het niet haar gezicht maar zijn het haar handen die als eerste in beeld komen. Ze zijn vrij klein, maar ze trekken de aandacht doordat ze altijd druk zijn, alsof ze er een eigen, zelfstandig bestaan op na houden. Of Oma Roosje nu lacht of praat, ernstig is of rondkijkt, haar handen zijn altijd bezig, altijd met iets in de weer. Met smeren, schillen of snijden. Met rommelen in een handtas, met kammen, met wangen poederen. Met opdienen, afruimen, inschenken. Met eerst deeg kneden en later boterkoek serveren, met het opzetten van haar hoed of het verschikken van een sjaal. Haar handen rusten niet voordat de thee gezet is, de boodschappen uitgepakt of de vaat afgedroogd. Als er iets gehaald of gedaan moet worden, wanneer de deurbel klinkt of de telefoon rinkelt, lijkt het opspringen uit haar stoel wel te gebeuren op een commando dat haar handen aan haar hoofd geven in plaats van andersom.

Wanneer ze voor een moment gaat zitten en haar

handen eindelijk bedaren, is dat een teken voor haar hele lichaam om tot stilstand te komen. Dan worden haar handen met de rug naar beneden op schoot gelegd als twee vermoeide kleine lichamen, die zich eindelijk even mogen uitstrekken. Zo laten ze elkaar en mijn oma korte tijd met rust, al blijven de palmen openstaan, als een oorschelp, waakzaam voor het geval er iemand roept, opbelt of aan de deur komt.

Wat Oma Roosje het liefste met haar handen doet is schrijven. Vroeger, vóór de oorlog, waren dat columns, verhaaltjes, gedichten en kinderversjes in kranten en in buurtblaadjes, voordrachten voor de AVRO-radio en lezingen op scholen in Den Haag en omgeving. Nu schrijven de handen vooral brieven, boodschappenlijstjes en kerstkaarten. Maar ook in Engeland zijn er lezingen te geven. Die houdt ze op uitnodiging van de Townswomen's Guild en blijkens de aankondigingskaartjes die ik tussen haar knipsels vind, dragen die titels als *Holland during the occupation*, *Holland under German occupation* of *Life in Holland.* Holland en de oorlog: het is opmerkelijk dat ze daar in het lokale lezingencircuit uitvoerig over vertelt, terwijl er in haar brieven en dagboeken nooit iets over wordt geschreven en het in de huiselijke gesprekken ook nauwelijks een rol speelt.

Oma's handschrift is in al die jaren steeds groter geworden, de enorme letters hebben iets dramatisch, alsof ze eerder roepen dan spreken. Op een velletje lichtblauw luchtpostpapier staan per regel nog slechts enkele woorden, zoals we thuis tweemaal per week kunnen vaststellen, wanneer op vaste dagen de brief uit Kew binnenkomt, waarna mijn moeder steeds de volgende dag weer een brief terugstuurt. Daar schrijven mijn broertje en ik soms ook verplicht iets bij, wat na veel uitwringen en zuchten meestal op niet veel meer neerkomt dan de vraag hoe het in Kew gaat, de mededeling dat het bij ons allemaal goed gaat, ook op school, en tot slot de verzekering dat we ons erop verheugen in de zomer weer te komen logeren. Tenzij er in de envelop voor ons een Engels bankbiljet zit – dat ruik je bij het openen van de envelop al direct aan de jassengeur –, dan dient er een eigen brief of kaart geschreven te worden om te bedanken.

Slaan doen mijn oma's handen niet, wel afwassen, koken, sinaasappels uitpersen, brood roosteren, eigenhandig kroketten en pindakaas maken, en elke ochtend forse klonten boter verspreiden over een veelheid aan Keulse potjes en deze vervolgens zo glad tot de rand dichtsmeren dat iedereen aan de keukentafel bij zijn bord een eigen gevuld boterpotje heeft staan: *I believe in butter*, zo luidt een van de vele huishoudelijke motto's van Oma. Een ring zie ik haar in mijn herinnering niet dragen, maar de trouwring die er ongetwijfeld zit ontgaat me wellicht omdat de handen altijd zo in beweging zijn.

Buiten de tv, de koelkast, het fornuis met de oven en de toaster hoeft Oma Roosje geen apparaten te bedienen. Dat mag ze zelfs niet, en daar houdt ze zich aan: de auto, de grasmaaier, de boiler, daar komen alleen de werktuigkundige ingenieurshanden van Oa aan te pas. Oma's handen zijn voor het zachtere werk, voor het vrouwelijke. Voor het menselijke, niet het machinale. Maar ook het zachtere werk is keihard werken.

'Rooooo...' zegt mijn grootvader vanuit zijn fauteuil in de zitkamer, terwijl hij het schoteltje met de lege blauw-witte theekop zijwaarts uitgestoken houdt. De handen haasten zich het schoteltje aan te nemen en het kopje opnieuw vol te schenken.

Er is maar één plaats waar Oma Roosje zich nog soepeler, nog energieker beweegt dan thuis en dat is in het zwembad. Oa gaat daar nooit mee naartoe, die heb ik nooit anders dan in een donker pak gezien, en alleen al het idee dat hij in een zwembroek zou rondlopen is niet van deze wereld. Maar mijn oma, gehuld in badpak en met badmuts op, is in het zwembad volkomen in haar element. En ook daar zijn het haar handen die het beeld van mijn herinnering bepalen. Achter haar handen aan schiet zij in het water alle kanten op, als een dolfijn die zijn snuit volgt. Haar beweeglijkheid in het water is verrassend en ze zwemt net zo gemakkelijk op haar rug als op haar buik, crawlend of met de schoolslag. Op de duikplank vouwt zij haar armen elegant samen in een energiek strekken en met een compleet zelfvertrouwen duikt ze het water in, haar lichaam erachteraan: *I believe in water*. Zelf durf ik in een zwembad nooit te duiken, bang om mijn hoofd aan de bodem te stoten, zoals mijn vader bij ons thuis een keer in het sportfondsenbad overkwam, waarna hij met een bloedende wenkbrauw naar de eerste hulp moest worden gebracht.

Mijn oma's handen kunnen bijzonder levendig vertellen. In de keuken of in de zitkamer op Pensford

Avenue zie ik ze in mijn herinnering versjes uitbeelden of stukjes navertellen die heel lang geleden in de krant hebben gestaan, over vogels, bergen, vlinders, bomen en herfstbladeren, over de maan, een schip, de wind, een vis in de zee en jutters op het strand. Ze vertellen ook waargebeurde verhalen over vroeger die ik al ken, maar die soms net anders klinken. Ik zou het ook niet durven om ineens te zeggen: 'Dat hebt u al eens verteld.' Bovendien worden sommige verhalen juist door de herhaling steeds mooier. Zoals ze tegenover mij gebarend zit te vertellen, zo heeft mijn oma ook lezingen gehouden in Haagse zaaltjes, zo heeft ze in de Hilversumse studio haar voordrachten ingesproken en orde gehouden in een volle schoolklas in Westerbork, waar ze lesgaf alsof er niets aan de hand was. Maar zodra Oa de kamer binnenkomt waarin ik zit te luisteren, vallen Oma's handen stil of gaan ze over op een ander onderwerp.

De handen zijn zacht en een beetje ruw tegelijk. Dat voel ik 's avonds, wanneer er ook aan een lange dag ten slotte een einde is gekomen, als Oma me inzeept en afspoelt in het grote bad, als ze me afdroogt met de lekker warme handdoek en vervolgens bij het instoppen. Dan lig ik klaar op mijn rug onder de donzen deken, die dik oogt en toch licht aanvoelt, met mijn hoofd op het nog koele kussen en mijn haren nog niet helemaal droog na het bad. Oma Roosje – even knielend naast het bed – legt een hand op mijn voorhoofd en zegt zachtjes: *God bless you.*

In gedachten probeer ik snel een beetje met haar mee te bidden, maar om de tinteling in mijn lichaam niet te verstoren blijf ik doodstil liggen, totdat zij opstaat en de hoge deur naar de gang zachtjes opent en weer achter zich sluit. Zo meteen gaan de handen in Oma Roosjes eigen kamer verder met haar brieven, haar gedichten of haar dagboek. Mijn eigen handen liggen gevouwen over mijn borst en met enige moeite houd ik mijn ogen gesloten. Het lijkt net of ik nu de beweging van haar zachte voetstappen aan de andere kant van de deur hoor ruisen.

10

'Wat een flauwekul. Als jullie daar je tijd aan willen besteden, moet je het zelf maar weten.' Met een ruk staat Oa op uit zijn stoel. We zitten naar een reuzespannende sciencefictionfilm op tv te kijken, over een gevaarlijke expeditie met een tot microscopisch formaat verkleind vaartuig dat een ontdekkingsreis maakt door de menselijke bloedbaan – compleet met enorme turbulentie zodra ze in de buurt van het hart komen – en een van de bemanningsleden zegt: *Do you realise we're in the middle of infinity?* Op dat punt houdt Oa het niet langer vol, en met een smalende lach beent hij de kamer uit. Voor zulke stompzinnige verzinsels heeft hij geen geduld.

Nee, dan de allereerste maanlanding, op 20 juli 1969, midden in de zomervakantie. Die zien we wel degelijk met Oa erbij; dat is science *non*-fiction, stevig verankerd in wetenschap, techniek en werkelijkheid. Het buitenaardse wonder dat hier voor onze ogen gebeurt, gaat zelfs een cum laude behaalde graad in de Delftse werktuigkunde te boven en Oa zit voorover in zijn stoel geboeid te kijken. Zelf lig ik op mijn buik op het tapijt en zie, met mijn hoofd steunend op mijn ellebogen, hoe Neil Armstrong zijn sprongetje van de ladder naar omlaag maakt, en hoor hem zijn historische eerste woorden vanaf de maan uitspreken. Het is niet zozeer de inhoud van die woorden die indruk maakt, als wel de krakerige vorm ervan. Het klinkt net als sommige oude platen en geluidsopnamen die we in Oa's studeerkamer beluisteren. Kennelijk is ver weg net zoiets als lang geleden.

Thuis in Nederland krijgen we pas later tv, dus tot dat moment is het toestel dat mijn grootouders in de zitkamer in Kew hebben staan een extra attractie. Het staat schuin tegen de linkermuur op driekwart van de zitkamer, net voorbij de lege schoorsteenmantel, waar alleen een elektrisch kacheltje in staat dat nooit brandt.

Het tv-toestel past precies in een speciaal meubel, waarop een houten beeld staat van een Indiase godheid met veel armen. Dit meubel is voorzien van twee zijwaarts om de hoek naar achteren wegschuifbare deurtjes die uit verticale lamellen bestaan, in het midden bij wijze van sluiting voorzien van goudkleurige handgrepen. Daarmee wordt de voorstelling geopend en gesloten. Een kind mag hier niet zomaar aanzitten. Kinderprogramma's zoals *Bill & Ben The Flower Pot Men* worden ook altijd voorafgegaan door de waarschuwing: *Watch with mother*. Dat zal niet gaan, al kijkt er in elk geval een volwassene mee, bijna altijd Oma Roosje, want ook voor kinderprogramma's heeft Oa geen geduld.

Favoriet zijn de lange Wimbledon-wedstrijden. Dan gaan overdag de zware, donkerrode velours gordijnen dicht tegen de felle zomerzon vanuit de tuin.

Urenlang zitten, respectievelijk liggen we zo in de schemerige zitkamer te kijken naar de services, de rally's, de lobjes, de volleys, de aces en uiteindelijk de game, set en match van Rod Laver of John Newcombe, van Billie Jean King of Evonne Goolagong, van Tony Roche of Ken Rosewall.

Quiet, please, zegt de umpire herhaaldelijk vanaf zijn hoge stoel. Tegen ons hoeft hij dat niet te zeggen. Dat langzame en toch strenge van zijn uitspraak, met die nauwelijks hoorbare slotmedeklinkers; zo zou ik het Engels ook wel willen kunnen uitspreken. Als niemand het kan horen, in de tuin of op de wc, oefen ik mijn Engels aan de hand van deze umpire-taal: *Fifteen-Love. Thirty All. Deuce. Advantage Ms Goolagong.* Ook nu, als ik deze woorden zachtjes in het nachtelijk donker uitspreek, roepen ze vanzelf de zwart-witte magie van Wimbledon op.

Af en toe staat Oma op en is ze een tijdje in de keuken of boven in huis bezig. Als ze terugkomt praten we haar snel bij over de stand en wat er aan bijzonders gebeurd is: een bal die in het publiek terechtkwam, een uitzonderlijk lange rally of een heel sluw lobje, waardoor de andere speler totaal verrast werd. Het virtuoze van de Wimbledon-spelers en het feit dat ze bijna allen even goed zijn geven het tennis – of zoals het in echt Engels heet: *lawn tennis* – steeds een onverwacht verloop en het verveelt nooit om ernaar te kijken. Onderwijl dringt in de kamer de zomerwarmte van de tuin dwars door de gordijnen naar binnen. Tuindeur open of tuindeur dicht, naarmate de middag vordert maakt het geen verschil meer. Het grijze gras op de tv vertoont lichtgrijze plekken waar de spelers het meest intensief heen en weer en op en neer rennen. *Advantage Mr Rosewall.*

In het duizendkoppige publiek zitten dames in keurige jurken of blouses en met een hoed op, de mannen in pak of jasje en met een das. Bijna iedereen draagt een zonnebril en menigeen zit te wapperen met een programmaboekje, een pet of een waaier. De wedstrijd duurt eindeloos en dat is ook de bedoeling, want hoe langer des te spannender, en hoe spannender des te langer. Aan zo'n Wimbledon-dag lijkt nooit een einde te komen, voor de toeschouwers ter plekke niet en voor ons ook niet. Het is bijna jammer als er uiteindelijk iemand wint en de zilveren overwinnaarsbeker of -schaal uit handen van een onberispelijk geklede Engelse prins of hertogin in ontvangst mag nemen, om die vervolgens in gelukzalige uitputting omhoog te houden. Dit gevoel van eindeloosheid geldt nog sterker bij de uitzendingen van cricketwedstrijden, zogenaamde *test matches*, waarvan de lengte niet in uren maar in dagen wordt gemeten. Het *alles* van een plotselinge actie bij de wickets en het *niets* van langdurig waakzaam afwachten in het veld wisselen elkaar als een ondoorgrondelijk mechanisme af.

De tv is in de zitkamer niet het enige venster op de wereld, er zijn ook twee ramen die op de tuin uitkijken, met in het midden een deur met glas erin naar het terras die linksom naar buiten opengaat en die aan een haak tegen de buitenmuur van het huis kan worden vastgezet. Bij deze ramen staan tegenover elkaar twee ouderwetse rechte stoelen – stijl-Louis

Treize, zo kan ik nu zien – en daartussen een houten salontafeltje op elegante poten. In die stoelen zitten we zelf nooit, die zijn voor visite, bijvoorbeeld de zus en broer van mijn vader met bijbehorende oom respectievelijk tante. Vooral mijn vaders zus, Judith, die met haar echtgenoot vanuit Antwerpen naar Londen is verhuisd, komt geregeld en neemt ons mee in haar Mini Cooper op uitstapjes naar de stad, de midgetgolf of, als het erg warm is, naar het zwembad van de Hurlingham Club. Haar man verhandelt diamanten, een beroep waar ik me als kind geen enkele voorstelling bij kan maken, behalve dat je ongetwijfeld erg beducht moet zijn op rovers en inbrekers. Hij vertelt me een keer dat zijn kantoor twee opeenvolgende rijen van zeven toegangsdeuren heeft, waarvan er elke dag in allebei de rijen zes op slot zitten en slechts eentje – steeds twee andere – gebruikt kan worden om het kantoor binnen te komen en weer te verlaten. Hijzelf, zo voegt hij toe op een toon alsof hij mij in een geheim inwijdt, is de enige die weet welke twee deuren je op een bepaalde dag moet hebben. In mijn jongensfantasie zie ik nog dagen later hoe een roversbende in grote verwarring met de deuren aan het hannesen is, terwijl vanuit de verte de door mijn oom gewaarschuwde politie al met loeiende sirenes naderbij komt.

Soms komen de jongere broers van mijn grootvader met hun echtgenotes naar de Hollandse neefjes kijken. Deze oudooms zijn allebei kunsthandelaar, net als hun vader dat was. Wat ze ook zijn, is heel groot en aanwezig, en net als Oa altijd in pak gekleed.

Ze hebben elk een zeer bijpassende tante aan hun zijde. De ene heeft een kortgerokte Nederlandse vrouw, die volgens mijn oma te veel geld uitgeeft, bij de andere hoort een keurige Engelse dame met prachtig gepermanent witgrijs haar waar een paarse waas overheen ligt. De blik van deze tante Betty zegt alles, en in haar aanwezigheid ga ik me vanzelf beter gedragen dan ik van tevoren van plan was.

Wie nooit langskomt is Oa's jongere zus Sofy, die kunstschilder van beroep is en die ik samen met Oma een enkele keer opzoek in haar Londense atelier, dat een indrukwekkend glazen dak heeft. In het hele huis in Kew hangt bij mijn weten niet één schilderij van haar hand, hoewel ze haar werk meermaals in de Royal Academy heeft mogen exposeren. Oa zelf is op het punt van exposeren nooit verder gekomen dan de *Staff Annual Art Exhibition* van de Shell, waarmee een overzicht werd gegeven, zoals de catalogus het omschrijft, van de *wealth of talent* binnen het grote bedrijf. Sofy, daarentegen, legde ook buiten het kunstcircuit de nodige eer in met haar werk, in het bijzonder met een reeks portretten van Engelse en Italiaanse autocoureurs, wat toch als een unieke combinatie van twee van Oa's belangstellingswerelden valt te zien: auto's en schilderkunst. Misschien wenst hij de artistieke rivaliteit tussen hen beiden in zijn eigen huis niet zichtbaar te maken.

Op een keer – ik ben al student – zit ik met Oa in de woonkamer, hij in zijn grote fauteuil, ik op mijn vaste bankplaats. Enthousiast vertel ik hem over een familiebezoekje dat ik in Amsterdam heb gebracht aan zijn achterneef, Marius Levenbach, emeritus-hoogleraar arbeidsrecht aan de Universiteit van Amsterdam. Terwijl ik aan het praten ben, zie ik Oa's gezicht verfronsen.

'Dat is een verschrikkelijke socialist,' luidt het vonnis. Als ik vertel dat hij me wel een erg mooi achttiende-eeuws Frans boekje cadeau heeft gedaan over de regels en tradities van het advocatenvak, staat Oa op en loopt zonder iets te zeggen de kamer uit. Even later komt hij terug met een zelfs nog iets ouder achttiende-eeuws leren bandje, een handleiding voor de tuinmanskunst. Zonder enige toelichting doet hij het me cadeau. Tolereert hij niet dat een socialistische achterneef er met de gunsten van zijn oudste kleinzoon vandoor gaat of is het gewoon uit spontane aardigheid? De beide boekjes, op hetzelfde octavoformaat, staan sinds jaren in harmonie naast elkaar in mijn boekenkast: *Règles pour former un avocat* uit 1741 en *The Dutch Gardener* uit 1711.

Van mijn grootmoeders kant is er aan familie in Engeland alleen haar jongste broer en diens Nederlandse vrouw. Haar andere jongere broer, Gé, die een detectivebureau in Den Haag en New York heeft en die volgens mijn vader altijd een revolver bij zich draagt, heb ik in Kew nooit gezien. Die had in Engeland waarschijnlijk ook niets te zoeken, hoewel je dat bij detectives nooit helemaal zeker weet.

De soms met al deze (oud)ooms en (oud)tantes meekomende (achter)neven en (achter)nichten en de stoet van vriendinnen, vrienden en kennissen van Oma Roosje zijn bijna allemaal Engelstalig, wat goed voor mijn Engels is en tegelijk slecht voor het contact. De meeste van mijn generatiegenoten in de familie zijn een paar jaar ouder en helemaal dol op hun zelfgebouwde elektrische gitaar of hun favoriete Londense voetbalclub. Eentje heeft zojuist als acteur en zanger zijn eerste podiumrol gekregen in *The Rocky Horror Show*. Ik doe mijn best om het allemaal interessant te vinden en schrijf de mislukking daarvan toe aan het leeftijdsverschil.

Op de schoorsteenmantel staat een goudkleurig rechthoekig klokje met Romeinse cijfers op een ouderwetse wijzerplaat. Het moet iedere dag met een speciaal sleuteltje worden opgewonden, wat uitsluitend door Oa wordt gedaan. Elk kwartier slaat het klokje met een galmend gongachtig geluid, dat veel indrukwekkender klinkt dan je uit zo'n klein uurwerk zou verwachten, en op het hele uur geeft het met een reeks sonore slagen de tijd aan. Als alle bezoek van de dag weer verdwenen is, en deze gouden klok het uur voor bad en bed heeft geslagen, vertrek ik met Oma naar boven. Mijn grootvader doet de lichten in de woonkamer uit. Tot slot tilt hij van de grond in de woonkamer een zware zilveren tafelaansteker op, die daar als deurstopper tegen de deur naar de hall aan staat. Terwijl hij naar zijn studeerkamer loopt, zie ik nog juist vanaf de trap, kijkend door de spijlen van de balustrade, hoe de hoge deur zwevend op zijn speciaal door Oa schuin gemaakte scharnieren vanzelf geluidloos dichtdraait, als door een onzichtbare hand zachtjes aangeduwd.

II

Al kijken we in de zitkamer met nog zoveel plezier naar Wimbledon-tennis of naar cricketwedstrijden, het is ondenkbaar – op straffe van ik weet niet wat voor ergs – om in die kamer een echt balletje, hoe klein ook, mee naar binnen te nemen. Ook als ik er helemaal niet mee zou willen gooien, maar er alleen zachtjes mee over de vloer zou willen rollen of het enkel in mijn hand houden, dan nog niet. Zelfs een pingpongballetje niet. In de zitkamer hangen namelijk de mooie schilderijen. De Jan van Goyen is er helaas niet meer. Die heeft Oa volgens mijn vader in de oorlog moeten verkopen opdat ze voldoende geld voor eten zouden hebben. Oa zelf heb ik over dat schilderij nooit iets horen vertellen. Gelukkig hangen er nog genoeg andere werken die deze kamer tot een kleine museumzaal maken, van Nicolaes Berchem, Jan Davidsz. de Heem, Willem Maris, Jan Miense Molenaer, Pieter de Neyn, Bonaventura Peeters, Abraham Storck en Antoine Vollon, plus een groot landschap boven de bank van Alexander Keirincx, met kleine figuren die erin zijn geschilderd door Cornelis van Poelenburgh.

Eerlijk gezegd ben ik over Keirincx als maker van

dat 'Landschap met figuren' niet honderd procent zeker, voor de andere namen sta ik allemaal in. Ik geef ze hier in alfabetische volgorde, maar terwijl ik liggend in mijn bed de kamer rondkijk zie ik ze zelf in de volgorde waarin ze aan de muur hangen, van de mythologische voorstelling van Nicolaes Berchem rechts om de hoek van de deur, tegen de wijzers van de klok in, tot aan het stilleven van Vollon schuin achter Oa's stoel. Op dat schilderij is een vanaf de tafelrand vooruitstekend mes te zien, zodat het lijkt of ik het zo zou kunnen pakken.

Als laatste in de rondgang hangt er, links om de hoek van de deur, tegen de achterwand op een wat donkere plaats boven een wandtafel een schilderij dat ik met geen mogelijkheid goed in beeld krijg, hoe vaak ik er ook dichtbij probeer te komen. Nooit zal ik meer te weten komen wat daar hing. Vaag staat me een beeld voor de geest van twee mannen met een hoed op die elkaar over een pad tegemoet lopen. Een beetje tijdloos laatmiddeleeuws of vroegzeventiende-eeuws tafereel. Wie het geschilderd heeft? En wat voor kleuren erin domineren? Tot het moment dat er ooit een reproductie van opduikt of een familiekiekje waar dit schilderij toevallig op blijkt te staan, zal ik tevergeefs naar deze plek op de achtermuur blijven turen, telkens wanneer ik een nachtelijk bezoek aan de zitkamer breng.

De andere schilderijen staan me levendig en gedetailleerd bij, en ik zou ze dan ook op reproducties of in het echt nog altijd direct herkennen. Bij deze geschilderde taferelen viel ook vroeger al heerlijk te fantaseren. Een dramatische schipbreuk in een vliegende storm, met wrakhout dat over de golven deint. Als drenkeling zwem ik ertussendoor, in de hoop een fors stuk hout te kunnen bemachtigen waarmee ik de kust kan bereiken, misschien wel het stuk hout waarop Abraham Storck dit zeegezicht in kleine blokletters heeft gesigneerd. Een lelijke dronkaard die een vrouw probeert te versieren. In gedachten hoor ik hem zijn goedkope praatjes verkondigen. Toch blijft de vrouw ernaar luisteren. Langs een bosrand, een boerderij met een schoorsteen half verscholen in het groen, rijden twee voorname ruiters, een met bagage beladen paard achter zich aan voerend, terwijl om hen heen honden stoeien, maar noch de ruiters, noch hun paarden trekken zich daar iets van aan, zo voornaam zijn ze. Op een open plek in het bos, bij een bocht in een rivier, danst een nimf of godin uitdagend, terwijl een sater toekijkt. Een hond – is het een hond? – staat strak te kijken naar een roedel herten aan de waterkant links in de verte. Als ik lang genoeg naar de grote boom in het midden van het schilderij kijk, hoor ik de bladeren ruisen in de zomerse lucht. En er is het schilderij van de man die zich als oud vrouwtje heeft verkleed en zich aan een meisje opdringt. Verlekkerd kijkt de man naar de borsten van het meisje, zo bollend dat ze bijna uit haar boezeroen lijken te barsten. Zou het meisje echt niet in de gaten hebben dat het een man is?

Terwijl ik zo lig te kijken en met mijn halfbewuste blik van het ene doek naar het andere ga, vermengen de geschilderde voorstellingen zich tot één groot zeventiende-eeuws tafereel waar ik eindeloos doorheen kan dwalen. Bij elkaar vormen deze schilderijen een wereld waarin ik onbeperkt en vrij kan rondlopen, waarin ik allerlei figuren en taferelen tegenkom die mij door de jaren heen dierbaar zijn geworden, even dierbaar als de personages uit een roman, die in de herinnering net zo kunnen voortleven als mensen die je in het echt hebt gekend.

Oa kan geweldig vertellen, meest van al als het gaat om schilderijen in zijn eigen huis, waarmee hij door jarenlange omgang volkomen vertrouwd is geraakt. Zijn uitleg is op de eerste plaats technisch en kunsthistorisch, maar daarnaast heeft hij altijd oog voor het verhaal van een schilderij. In musea, in Hampton Court, York House of andere paleizen en landhuizen die we bezoeken vertelt hij over wat er op schilderijen allemaal te zien is, dingen die ik pas in de gaten krijg wanneer hij me erop wijst. Ook naar aanleiding van reproducties in kunstboeken heeft hij verhalen paraat, bijvoorbeeld over Ingres, die het voor zijn tijd opzienbarende schilderij van een Turks bad met een menigte aan naakte vrouwen maakte toen hij al over de tachtig was. Of over Corot, die een kamer huurde tegenover de klokkentoren van het Noord-Franse stadje Douai, om het straatbeeld met die toren in alle rust nog beter te kunnen schilderen. Door dergelijke anekdotische en verhalende achtergronden leer ik dat wie goed kijkt meer te weten komt, en dat wie meer weet beter kijkt.

Jaren later maak ik in Noord-Frankrijk nog eens een hele omweg om in Douai naar die klokkentoren te gaan kijken en te zien of ik het appartement kan vinden vanwaaruit Corot moet hebben gekeken en geschilderd. Het resultaat van mijn speurtocht is teleurstellend: het appartement valt niet te vinden, de straat met de klokkentoren lijkt in weinig op het schilderij en Douai blijkt in het echt een tamelijk saai stadje te zijn, waarbij ook niet helpt dat het er die dag aan één stuk door regent. De kunst is fraaier dan de werkelijkheid, maar beide leggen het af tegen de herinnering.

Het pronkstuk in de zitkamer, dat boven de schoorsteenmantel hangt, is een donker en in mijn ogen niet erg aantrekkelijk stilleven van Jan Davidsz. de Heem, met oesters, citroenen, een oude korst brood en veel andere onlekkere dingen die in het halfduister verloren gaan. Het schilderij moet eigenlijk worden schoongemaakt, zegt Oa, maar in vuile staat zal het meer opbrengen. Dus dan maar vies.

Mijn favoriet in deze kamer is iets heel anders. Hij staat meteen rechts om de hoek van de kamerdeur, onder de Nicolaes Berchem. Het is een kleine op maat gemaakte houten boekenkast, waarin precies alle delen van de Encyclopaedia Britannica passen. Af en toe wordt zo'n groot en zwaar encyclopediedeel er behoedzaam uit gehaald om een discussie te beslechten of iets op te zoeken wat niemand zeker blijkt te weten. Een volwassene moet er even voor bukken, maar dankzij de aanduidingen op de rug van de negenentwintig delen – die lopen van '*A to ANNO*' naar '*VASE to ZYGO*', aangevuld met een register en een atlas – valt in één greep feilloos de juiste band te pakken. Vanaf het moment dat ik er groot genoeg voor ben, mag ik er zelf ook weleens iets in opzoeken of zit ik een tijdlang kriskras in een willekeurig deel te lezen. Al zijn er soms Engelse woorden die ik niet begrijp, alles blijkt op een bepaalde manier interessant te zijn, ongeacht het precieze onderwerp.

Over het Britannica-kastje heen ligt een loper waarop een kleine museumopstelling is uitgestald: vijf helblauwe en olijfgroene Egyptische shabti's, een kleine zwarte Egyptische kat op een houten sokkel en een *kris pusaka* die mijn vader uit Indië voor zijn ouders heeft meegenomen. Zo'n kastje wil ik later ook, want dit is wat mij betreft beslist het dierbaarste hoekje van het hele huis. Deze minitentoonstelling en de rijen gebonden encyclopediebanden die precies in het boekenkastje passen zijn fijn om naar te kijken. Ik kan me wel voor de kop slaan dat ik van dit kleine huisaltaar nooit een foto heb gemaakt, maar wanneer het eenmaal tot me doorgedrongen is dat alles in het huis vergankelijk is, is het te laat.

In dezelfde hoek als het Britannica-kastje, maar dan tegen de zijmuur van de zitkamer, staat Oma's theetafel, met onder een kleurige zijden doek alle blauw-witte kopjes en schotels in rijen en stapeltjes opgesteld. Als een volleerde illusioniste trekt ze in de loop van de middag de zijden doek weg en eronder blijkt alles voor de thee ineens klaar te staan, inclusief een schaaltje met in forse stukken gesneden zelfgebakken boterkoek of een paar scones met bakjes *home-made* jam en *clotted cream*. De knapperige randstukken van de boterkoek zijn altijd het eerst op.

Kennelijk ben ik niet de enige die deze het lekkerst vindt.

De groene driezitsbank rechts tegen de muur, onder het 'Landschap met figuren' van Keirincx – was het Keirincx? – en Van Poelenburgh, past bij de groene fauteuil van Oa, links naast de schoorsteen. Beide zijn diep en groot. De stoel van Oma die ertussen staat is daarentegen licht, breed en ondiep, zodat ze gemakkelijk en snel kan opstaan. Als ik op de bank tegen de rugleuning aan wil zitten, moet ik ver naar achteren schuiven, zodat mijn benen recht vooruitsteken en op de harde prikkende stof liggen.

Pal voor de bank staat een langwerpige houten salontafel. Wanneer we met z'n tweeën in de kamer zijn, spelen Oa en ik daarop een door onszelf bedacht spel, waarvan we de spelregels door de jaren heen helemaal fijngeslepen hebben. Het spel gaat als volgt: beurtelings laten we een glad tijdschrift of een op glanzend papier gedrukte brochure zacht over de salontafel glijden. De bedoeling is om het over tafel glijdende drukwerk zo tot stilstand te laten komen dat het iets over de rand uitsteekt. Het aantal procenten waarmee het uitsteekt is het aantal gescoorde punten. Het maximum aantal punten per beurt is dus vijftig, of eigenlijk moet ik preciezer zeggen: negenenveertig. Steekt het drukwerk niet uit over de rand, dan heb je bij die beurt geen punten behaald. Glijdt het te ver door en valt het op de grond, dan ben je al je tot dat moment behaalde punten weer kwijt. Wie het eerste honderd punten heeft verzameld, is de winnaar. De grootste lol en de meeste tijd is altijd gemoeid met het gezamenlijk bepalen van het juiste aantal punten dat een speler behaald heeft. Daarbij blijken taal en wiskunde veel dichter bij elkaar te liggen dan ik had gedacht. Wat Oa denkt, weet ik niet. Wat ik wel weet, is dat hij net zo graag wil winnen als ik.

12

Het was in de rue Durtal in Parijs, vlak bij de boulevard Saint-Nicolas, dat ik op een dag een winkel ontdekte die ik daar nooit eerder had gezien. Al jarenlang kom ik in deze buurt, op weg van of naar een vast hotel, maar dit was iets nieuws: een Japanse popupwinkel vol fototijdschriften, designspullen, gadgets, kunstboeken, feestartikelen, kledingaccessoires. Ik was op weg naar een afspraak en had niet zoveel tijd, maar hier moest ik absoluut even naar binnen om rond te neuzen. Even later stond ik met een vierkant glanzend-wit doosje in de hand. Het was voorzien van vier Japanse karakters en onder die karakters stond in westers schrift: *Yoi Suimin / Good Sleep*. Als slapeloze kon ik dit doosje niet zomaar terugleggen en ik schoof het open. Er zat een kleurloos rond apparaat in, met twee kleine batterijen in plastic ernaast.

Good Sleep?

Er liep niemand in de winkel rond om iets aan te vragen, maar achter de kassa stond een leeftijdloze Japanse medewerkster, die me in een combinatie van Frans en Engels vertelde dat het om een in Japan zeer populair apparaatje ging, een Yoi Suimin, kortweg Yoi genoemd. Lijders aan slapeloosheid vallen hiermee binnen enkele minuten in slaap, verzekerde ze me. Daar stokte haar uitleg, maar ze bleef me op een indringende manier verheugd aankijken.

Ik begreep nog steeds niet precies wat de bedoeling was en aarzelde, iets waar ik eigenlijk geen tijd voor had. Het raadselachtige apparaat was bepaald niet goedkoop. Op een van de zijkanten stond in kleine letters: *Designed by insomniacs*. Een merkwaardige aanbeveling, alsof het er bijvoorbeeld iets toe doet of de uitvinder van de aspirine zelf ook regelmatig last van hoofdpijn had. Toen de winkelmedewerkster als woordloze aanvulling op haar uitleg een bijzonder lieftallig gebaar maakte met haar gevouwen handen naast haar hoofd, om aan te geven hoe heerlijk ik wel niet zou slapen, ging ik overstag. *Okay*, *I'll take it*, zei ik, om het simpel te houden, waarop ze me nog enthousiaster aankeek. Ik betaalde de Yoi, wachtte zo geduldig mogelijk totdat het meisje – of was het een volwassen vrouw? Door haar strakke make-up kon ik het niet goed zien – mijn aankoop in zwart-wit gestreept papier had ingepakt, met drie zorgvuldig opgeplakte rode ovale stickers als sluiting, en haastte mij vervolgens de winkel uit. Stel je voor, dacht ik, dat dit ding mijn redding zou worden.

Na mijn afspraak had ik tot 's avonds laat een diner, en het was pas de volgende dag in de trein terug naar Amsterdam, na een zoals gebruikelijk niet al te beste nacht, dat ik me in de werking van mijn Yoi Suimin verdiepte. De bediening van het elektrische apparaat, dat ongeveer de diameter had van een onderzetter en de dikte van een stuk of vijf op elkaar gestapelde bierviltjes, leek eenvoudig. Je hoefde alleen met je vingertoppen de rand van het apparaat aan te raken en daar zachtjes een- of tweemaal op te drukken om hem aan- respectievelijk weer uit te zetten. De clou was dat het apparaat lichtvormen projecteert op het plafond van de slaapkamer. Daarbij kon je kiezen tussen een duur van vier of van acht minuten. De op het plafond geprojecteerde lichtvlekken, zo begreep ik, worden eerst groter, daarna weer kleiner en vervolgens weer groter, en zo verder. Vanuit je bed lig je daar op je rug naar te kijken, en deze bewegingen moet je zien te synchroniseren met het ritme van je ademhaling: uitdijen is inademen, inkrimpen is uitademen. Ondertussen, aldus nog steeds de gebruiksaanwijzing, moet je je handen op je onderbuik leggen, om daarmee het bloed uit je hersenen weg te leiden, zodat de activiteit in je hoofd afneemt. En zo val je vanzelf in slaap; althans, dat is de bedoeling. Passief blijven, zo vermaande de tekst, dat is belangrijk. Niet hardnekkig proberen in te slapen. Dat laatste klopte zeker, want dat helpt inderdaad geen zier. Vertrouwenwekkend was ook dat er twee jaar garantie op het apparaat zat, en er werd bovendien een postbusnummer opgegeven waar je met vragen of suggesties terechtkon.

In de handleiding stonden verder nog zenachtige zinnen, in de trant van: *Let your mind float away into the rhythm of the lights on the ceiling*, of: *The harder you try to stay awake, the faster you will fall asleep*. Het meest memorabele advies stond helemaal aan het slot van de gebruiksaanwijzing, bij de FAQ's. De vraag luidde:

Should I try not to think? Het antwoord daarop begon met de zin: *No, trying to stop thinking is counter-productive.* Geweldig, dacht ik, eindelijk een apparaat dat mij begrijpt, want alleen al over deze vraag en het antwoord daarop kun je heel lang liggen piekeren, en dit was dan ook onderdeel van het probleem dat de Yoi voor me zou gaan oplossen. Tenminste, dat verwachtte ik toen.

Veelbelovend was ook de uitdrukkelijke vermelding dat het apparaat niet alleen helpt bij het naar bed gaan 's avonds, maar dat ook mensen die midden in de nacht wakker worden en daarna niet goed opnieuw in slaap kunnen komen er baat bij hebben. *That's me*. Als er iemand naast je ligt te slapen, zo stond er expliciet bij, zal die van de plafondprojectie geen last hebben. De bediening zag er dermate eenvoudig en subtiel uit dat ik dat in het donker probleemloos moest kunnen, zonder dat mijn vrouw er iets van zou hoeven merken. Kortom, niets stond een experiment meer in de weg.

Toch leek het me beter een eerste poging te ondernemen wanneer ik een keer alleen in bed zou liggen. Het ding moest midden in de nacht onder handbereik klaarstaan, en ik had niet zo'n behoefte het nieuwe apparaatje al bij het naar bed gaan aan mijn vrouw te presenteren. Dan werd het misschien een heel beladen gedoe, met als gevolg dat het experiment werkelijk iedere natuurlijke vanzelfsprekendheid zou verliezen. En stel je voor dat de Yoi tegen alle verwachting in toch geluid zou maken of op de grond zou vallen, en dat er vervolgens in het holst van de nacht een discussie in bed ontstaat over het wel of niet gebruiken van slaapapparaten. Ik was er niet gerust op.

Uiteindelijk besloot ik mijn Yoi mee te nemen op een tripje naar Uppsala, waar ik op een conferentie over gevangenisliteratuur een voordracht moest houden. Zo zou ik hem in alle rust twee nachten lang op een hotelkamer kunnen uitproberen. Bovendien slaap ik in hotels nog veel slechter dan thuis, en kon het ding daar meteen extra goed zijn diensten bewijzen.

Op de ochtend van mijn vertrek stopte ik het veelbelovende apparaatje, samen met mijn tandenborstel, pyjama en andere spullen, in mijn kleine rolkoffer en begaf mij naar Schiphol voor een vlucht naar Stockholm, vanwaaruit ik de trein naar Uppsala zou nemen. Ik verheugde me erop diezelfde avond in mijn Zweedse hotelkamer de twee batterijen uit het plastic te halen en ze op de juiste plaats achter in de Yoi te stoppen, waarmee het apparaat klaar voor gebruik zou zijn. Helaas, zo eenvoudig pakte mijn Japanse slaaptraining niet uit.

De mevrouw van de veiligheidscontrole op Schiphol begroette me allervriendelijkst, maar zodra ik op haar verzoek mijn koffertje, dat na de röntgencontrole op de band met probleemgevallen was beland, had geopend, begon ze met een soort geigerteller in haar blauw gehandschoende hand verwoed in mijn spullen te wroeten.

This you cannot take, sprak ze, terwijl ze het witte doosje met de Yoi omhooghield. Mijn koffertje stond doorwoeld tussen haar en mij in.

'U kunt gewoon Nederlands tegen mij praten,' reageerde ik, en terwijl ik het zei, besefte ik dat ik mijn kansen op ongehinderde doorlating hiermee alleen maar verkleinde.

I said you cannot take this. So either we destroy it for you or you have to go back. Nu keek ze niet zozeer streng als wel volkomen verveeld.

But, sputterde ik, *this is just a Japanese device to make me sleep better.*

Verbeeldde ik het me, of keek ze mij nu met enig medelijden aan? Vermoedelijk was het eerder minachting.

I'm sorry, sprak ze toonloos, *but then you will have to drink a glass of hot milk, or you can go home now with your device.*

Wat moest ik nu? Hiervoor ging ik mijn reis echt niet opgeven, ook al had ik een paar weken terug niet minder dan honderdvijftien euro voor dit Japanse wonderapparaat betaald. Het vliegticket was in elk geval duurder en de congresorganisatie verwachtte me diezelfde avond aan het sprekersdiner.

De vrouw wachtte rustig af. Zij had alle tijd. Ik niet, want ik moest zo meteen een vliegtuig halen. Er stonden bovendien steeds meer mensen in groeiend ongeduld achter me op hun beurt te wachten voor wie hetzelfde gold.

Na enig dubben zei ik, terwijl ik mijn spullen terugpropte en de rolkoffer dichtritste, met de nodige frustratie in mijn stem: *Okay, you can destroy it, and I will think of you tonight when I lie awake.* De security-mevrouw was ongetwijfeld wel meer boze passagiers gewend en reageerde dan ook niet op deze opmerking. Terwijl ik mij omdraaide hoorde ik de luide *kloink* waarmee mijn Yoi in de afvalbak verdween.

Zodoende ben ik er nooit achter gekomen of deze Japanse vinding me zou hebben kunnen helpen. Toen ik enkele dagen later weer thuis was, checkte ik via Google Translate dat 'Yoi' in het Japans inderdaad 'goed' betekent en dat 'Suimin' 'slaap' is, maar wanneer ik op 'Yoi Suimin' zocht, kreeg ik allerlei etenswaren op het scherm, een soort soep met noedels en tofoe erin, en onduidelijke groene slierten. Van apparaten om je normaal te laten slapen geen enkel spoor. Was het hele ding *fake* geweest? Die vermaledijde pop-upwinkel in Parijs was intussen natuurlijk alweer verdwenen. En waarom mocht ik zo'n elektrisch geval niet meenemen in het vliegtuig? Hoe doen Japanners die aan slapeloosheid lijden dat, wanneer ze op reis gaan? Nacht in, nacht uit had ik tijd genoeg om me met deze vragen bezig te houden.

Should I try not to think? Die *Frequently Asked Question* afkomstig van een medeslapeloze spookte na de mislukking van mijn Yoi een tijdlang door mijn hoofd, zeker wanneer ik, zoals zo vaak, midden in de nacht wakker werd. Ja, ik kende het correcte antwoord, maar op een of andere manier ging de vraag daarmee niet weg. Moest ik naar Japan om een nieuwe Yoi te gaan kopen? Dat had geen zin, als je er toch niet mee in het vliegtuig terug naar Nederland mocht reizen.

Zou een onlinebestelling uitkomst kunnen bieden? Waarom had ik daar niet eerder aan gedacht? *Try to think*, verdomme. Dus stommelde ik op een nacht rond een uur of drie naar beneden en zocht verschillende webwinkels af op de relevante zoektermen, maar zelfs de Engelstalige versie van de Japanse Amazon-site gaf als resultaat: *Your search did not match any product*. Even later lag ik weer in bed uit alle macht niet te proberen in slaap te vallen en vooral niet te stoppen met denken. Ik legde mijn handen op mijn onderbuik en probeerde mij tevergeefs rustgevende lichtvlekken op het plafond voor te stellen. Alles tevergeefs. Zelfs de herinnering aan het gezicht van het Japanse meisje in Parijs, met de naast haar hoofd gevouwen handen, hielp niet.

Maar door het gezicht van het Japanse meisje lag ik na een tijdje ineens in het schemerige donker vanuit mijn bed naar de serie Japanse prenten op de logeerkamer in Kew te kijken. Mijn blik ging van het ene naar het andere tafereel, en hoewel ik tot dan toe steeds had gedacht dat al die prenten precies hetzelfde waren, vielen me nu toch verschillen op. Op sommige prenten zaten de figuren dichter bij elkaar dan op andere. Ja, doordat mijn blik steeds van prent naar prent ging, ontstond er uit die kleine verschillen een soort film en voor korte tijd had ik de sensatie dat de afgebeelde Japanse figuren bewogen, dat de prenten tot leven kwamen en dat ikzelf, niet als gedachte-experiment, maar werkelijk – van vlees en bloed – op de bovenverdieping aan de achterkant van 34 Pensford Avenue in mijn liefste bed lag, juist op het punt om in te slapen.

13

De hall is, afgezien van de keuken, de badkamer en de wc, de enige ruimte in het huis met een harde vloer, kleine vierkante tegeltjes die in een zwart-wit patroon gelegd zijn. Daaroverheen ligt een groot Perzisch tapijt, zodat voetstappen ook hier enigszins worden gedempt, maar het voelt harder onder mijn zolen dan in alle andere vertrekken, beneden en boven, waar ik over twee lagen tapijt een beetje verend loop, zoals op het gazon in de achtertuin. Toch wordt ook hier mijn concentratie door geen enkel geluid verstoord. Behalve als ineens de telefoon zou gaan, dan zul je het weten ook. Maar nu is alles in diepe rust. Ik heb geen idee hoe laat het is.

Gezien vanaf de gouden drempel is er eerst rechts de deur naar Oa's studeerkamer. Vervolgens loopt eveneens naar rechts de smalle gang naar de keuken. Recht vooruitkijkend zie ik de deur naar de zitkamer, die bijna altijd openstaat, en links is de trap naar de bovenverdieping. Tussen die trap en de deur naar de zitkamer staat een houten bureau. Of moet ik het eerder een tafel noemen? In elk geval zitten er enkele lades onder en hangt er een spiegel boven. Hier zit Oma vaak nog even iets aan haar kleding te fatsoeneren, ze schrijft er een boodschappenbriefje of ze is zich aan het bepoederen, wanneer we op het punt staan om de deur uit te gaan.

Op het tafelblad staat een schemerlamp met een door Oa zelf beschilderde lampenkap. Deze lampenkap is conisch – Oataal voor kegelvormig – zodat het overschilderen van een tweedimensionaal tafereel op het nog op te spannen perkament een bijzonder ingewikkelde projectie vergde. Ik begrijp het nog steeds niet helemaal, maar de clou van het verhaal was me altijd wel duidelijk: het was ontzettend moeilijk en knap.

Op datzelfde bureau staat ook de grote zwarte telefoon, die heel anders klinkt dan de telefoon thuis, en veel, veel luider. Zelfs als ik boven in de logeerkamer of de badkamer ben, hoor ik het geluid duidelijk: twee lange rinkels achter elkaar en daarna een tijdje niks. Vervolgens kort achter elkaar weer twee keer. Enzovoort. Het klinkt eerder als een gecodeerd signaal dan als het geluid van een telefoon. Altijd is het mijn oma die opspringt of haar bezigheden onderbreekt om er gehaast naartoe te lopen. Als ze de grote zwarte hoorn met een klik van de haak heeft genomen, zegt ze op onverwacht zachte toon: *Mrs Asscher speaking*. Ook als de bel van de voordeur klinkt, neemt Oa de moeite niet om open te gaan doen. Ongeacht het uur van de dag, volstaat hij ermee op geringschattende toon 'Bedelarij!' te roepen, door hem uitgesproken als 'Bedularij!' Daarvoor komt hij zijn stoel niet uit. Het is Oma Roosje die zich naar de voordeur rept.

Mijn grootvader houdt zich niet graag bezig met de

buitenwereld van familie, geleuter aan de telefoon of aan de deur. Ongetwijfeld heeft hij ook vrienden – iedereen heeft immers vrienden – maar in het echt heb ik die nooit gezien. In het deksel van de glimmende sigarettendoos met zijn initialen, die op de werktafel in zijn studeerkamer staat, is gegraveerd: *Presented to W.B.B. Asscher By his Friends in Shell on his Retirement 30th June 1960*. Voor mij is dat het beste bewijs dat hij vrienden heeft: het staat in zilver gegraveerd.

Vele malen per dag klinkt het alarm van de telefoon: *Mrs Asscher speaking*. Kinderen, schoonkinderen, kleinkinderen, vrienden en kennissen uit Holland, broers, zusters, zwagers en schoonzussen in Engeland, en ook Hollandse au-pairmeisjes, die vroeger bij Oma op de thee kwamen en haar nog eens willen opzoeken. Ze zucht als ze zich weer naar de telefoon moet haasten, en tegelijk geniet ze van haar conversatiewerk. Ze vertelt steeds enthousiast aan de ander door wat ze zojuist van de een heeft gehoord.

Mrs Asscher speaking. Na de begroeting volgt bijna altijd een telefoongesprek in het Nederlands. Mijn grootouders wonen al zo lang in Engeland, maar zijn ze nu ook Engels? In mijn kinderogen wel: Oa heeft een Engelse auto, met het stuur aan de rechterkant, hij is in Londen geboren en hij leest een Engelse krant. Oma Roosje neemt de telefoon in het Engels op. Eerst komt het huisnummer (34) en daarna pas de naam van de straat (Pensford Avenue). Dat is allemaal anders dan in Nederland, dus moet het wel Engels zijn.

Het verschil tussen de twee landen is zelfs te ruiken. Moeiteloos kan ik de typische jassengeur oproepen die ineens bij ons thuis rond de kapstok hangt wanneer Oa en Oma Roosje zijn overgekomen. In het woord 'overkomen' zit al het hele wonder verborgen van de ontelbare obstakels die overwonnen moesten worden voordat zij ons konden bezoeken. Zeker met een auto waarvan het stuur aan de verkeerde kant zit. Het is niets minder dan tovenarij om bij thuiskomst uit school die magnifieke auto ineens in onze Nederlandse straat te zien staan, als een groot en exotisch dier dat vanuit verre, onbekende streken is geland en dat nu veel bekijks trekt, vooral van alle jongetjes uit de buurt.

Boven het bureau in de hall zie ik hoe de trap naar de bovenverdieping na een stuk of tien treden een hoek van negentig graden naar rechts maakt en als een diagonaal in het hoge plafond verdwijnt. Het houtwerk van de treden links en rechts van de traploper, de leuning en de spijlen van de balustrade zijn – net als alle muren, deuren en plafonds in het hele huis – niet wit geschilderd, maar roomkleurig, zoals de Golden Top van de volle melk. Het is zelfs bijna de kleur van boter. *I believe in butter*, zegt mijn oma, en ze fronst hoofdschuddend als ze hoort dat mijn broertje en ik thuis margarine op ons brood krijgen.

Links naast het bureau, tegen de zijkant van het onderste stuk trap, zitten twee smalle deuren. Aan de bovenkant lopen deze deurtjes schuin af en het rechter is hoger dan het linker. Ik heb die deuren nooit open gezien en ze ook niet zelf zomaar open durven doen, en weet niet wat zich erachter bevindt. Als het in Kew ook oorlog was geweest, zou hier de keldertrap zijn, zodat iedereen beneden had kunnen schuilen. Gelukkig waren de Duitsers hier niet, en het zijn waarschijnlijk gewoon kasten voor de stofzuiger en andere schoonmaakspullen.

Hoe verschillend onderling ook, de twee kunstwerken die in de hall hangen zijn mij allebei dierbaar en in gedachten ga ik er graag voor staan om ze voor de zoveelste maal te bekijken. Rechts naast de deur naar Oa's studeerkamer, schuin boven een rustieke houten stoel met een hoge, van spijlen voorziene ronde rugleuning, hangt een gezicht op Constantinopel. Op de voorgrond varen sloepen, verderop grotere boten en in de achtergrond zijn de volgebouwde heuvels van de stad te zien, waartussen de grote moskeeën met hun menigte aan omringende minaretten staan. Als ik er lang naar kijk, waait me vanuit de minaretten over het water de oproep tot gebed vanzelf toe, onderbroken door kreten van de roeiers, het geplas van riemen en het krijsen van de rondvliegende meeuwen.

Mijn grootvader is erg trots op deze aankoop. Hij vertelt graag dat hij dit stadsgezicht bij een Londense antiekwinkel kocht die het voor weinig geld als gravure aanbood. Als zoon van een kunsthandelaar en zelf een niet onverdienstelijk schilder en tekenaar zag hij direct dat het om een originele aquarel gaat. Hij bleek van de victoriaanse kunstenaar Jim Holland te zijn. Met zijn uitgestoken pink legt hij me uit aan welke details je kunt zien dat het een getekend origineel is en geen druk.

Aan de tegenovergelegen muur hangt onder aan

de trap een in waterverf geschilderd boeket blauwige bloemen van de hand van de Engelse beeldhouwer en schilder Jacob Epstein. Zoals er in een museum bij elk schilderij de nodige toelichting wordt gegeven, zo zou ik ook hier de naam van de afgebeelde bloemen van een tekstbordje willen kunnen aflezen, want nu durf ik er niet zomaar een slag naar te slaan.

De traptreden, die vanaf de aquarel van Epstein naar boven lopen, zijn met dik tapijt bekleed. Wanneer ik van de harde vloer in de hall naar boven begin te lopen, ben ik vanaf de eerste tree opgenomen in stilte, net als wanneer ik een van de kamers binnenstap, waar losse vloerkleden over het vaste tapijt heen liggen. In welke richting ik ook vanuit de hall verder in het huis naar binnen ga, mijn voetstappen worden onhoorbaar en ik lijk op kousenvoeten te bewegen, bijna zwevend, zodat ik overal ongemerkt kan rondkijken en mijn ogen de kost kan geven. Zo bepaal ik zelf in welke kamer ik nu het liefst wil kijken. Mijn lievelingskamer, uiteraard. Of zal ik die voor een andere nacht bewaren?

14

'Dit land gaat naar de verdommenis,' zo is steevast Oa's conclusie op basis van de nieuwsberichten van de dag. Wie ook waarover het woord voert tijdens de warme middagmaaltijd aan de keukentafel, als het tijdstip van 13.00 uur naderbij komt gaat onverbiddelijk de radio aan, een kleine transistor met een uitschuifantenne die door Oa wordt uitgetrokken en zorgvuldig in de juiste richting gedraaid. Eerst klinkt er marsmuziek van een taptoeband, stipt op het hele uur gevolgd door een reeks korte piepjes, en aansluitend luisteren we naar het radiojournaal van de BBC. Wat Oa betreft wordt het nieuws liefst voorgelezen door een man, aangezien vrouwen naar zijn smaak hun stem niet goed 'moduleren', waardoor ze minder duidelijk verstaanbaar zijn. Veruit het voornaamste mikpunt van zijn vernietigende commentaar en verontwaardigde tussenwerpingen is Harold Wilson, een socialist van de allerergste soort en tot overmaat van ramp ook nog premier van het Verenigd Koninkrijk.

Had Oa het maar voor het zeggen bij het landsbestuur, dan zouden de zaken heel anders verlopen, zo is duidelijk. Maar zeker sinds zijn pensionering is de enige plaats waar hij het voor het zeggen heeft het huis op 34 Pensford Avenue. Het meest absolute gezag oefent hij uit in zijn studeerkamer, via de eerste deur naar rechts vanuit de hall, nadat ik komend uit de vestibule over de gouden drempel het huis binnen ben gegaan.

Als ik deze studeerkamer door de hoge deuropening betreed, zie ik meteen rechts om de hoek tegen de wand de grootste boekenkast ter wereld, met onderin dichte kasten en daarboven zes lagen boekenplanken met deuren ervoor die van geslepen glazen ruiten zijn voorzien. In feite zijn het meerdere boekenkasten naast elkaar, als één geheel gemaakt, alsof het een ondiep houten landhuis is. Het enige wat ontbreekt is onderin een deuropening met een trapje ervoor. Dan zou ik door die deur naar binnen kunnen stappen om in deze enorme boekenkast te gaan wonen en er nooit meer uit te vertrekken.

Er staan veel boeken in over werktuigkunde, wiskunde, natuurkunde, scheikunde en mechanica, en ook de tiendelige *Dictionnaire* van Bénézit en boeken over zeventiende-eeuwse Nederlandse schilderkunst: *Rembrandt en zijn tijd*, *Frans Hals en zijn tijd*. Wanneer Oa een van de glazen ruitjesdeuren opent, moet ik denken aan de blik die ik in het vliegtuig een enkele keer in de cockpit mag werpen, met al die honderden knoppen, meters en schakelaars. Het is te veel. Hoe weet Oa in godsnaam wat precies in welk boek staat?

Een van Oa's mysterieuze lievelingsboeken is een Duits chemisch handboek met duimgreep, dat wil zeggen vingertopvormig in de snede van het papier uitgestanste, elkaar als een trap schuin opeenvolgende halve rondjes aan de zijkant van de pagina's, zodat hij snel een bepaalde plaats in het boek kan vinden. *Daumenregister*, noemt Oa dat, en hij spreekt het woord overdreven uit, alsof hij een bevelvoerende Duitse officier is, ditmaal blaffend tegen een boek.

Een ander verbluffend boek dat Oa af en toe op mijn verzoek tevoorschijn haalt, is een negentiende-eeuws geïllustreerd handboek over de molenbouw: het *Volledig molenboek*. De illustraties in dit grote in leer gebonden boek, dat alleen plat op tafel opengelegd behoorlijk bekeken kan worden, bestaan uitsluitend uit technische tekeningen en diagrammen, die uitvouwbaar ingeklapt zitten. Met zijn grote beaderde handen vouwt Oa behoedzaam de platen en de getekende dwarsdoorsnedes uit, zodat het boek met wieken links en rechts zelf een beetje op een molen begint te lijken. Heel voorzichtig mag ik ook een van die grote bladzijden omslaan. Het voelt bijna exotisch, zoals we daar in het verre Kew aan de hand van die oer-Hollandse molentechniek over bovenkruiers en schepraderen zitten te praten. Aan de hand van Oa's uitlegverhalen begrijp ik eindelijk hoe een polder bemalen wordt, waarom poldermolens altijd op een rijtje staan en om welke reden korenmolens aan de rand van de stad zo'n houten omloop hebben.

Van Oa mag ik ook zijn Delftse collegedictaten zien. Dat zijn niet zomaar een paar schoolschriften, maar rijen ingebonden boekwerken die wemelen van de handgeschreven wiskundeformules en gedetailleerd uitgewerkte, ingekleurde tekeningen van bijvoorbeeld een ‘tangentenboussole’, een ‘wisselstroomgenerator’ en een ‘voedingskraanklepkast’. Sommige van dergelijke buitenaards ogende apparaten staan ook in het rijkgeïllustreerde *Gouden Reuze Boek van de Wetenschap*, dat ik van Oa cadeau heb gekregen, maar zijn eigen tekeningen zijn mooier.

Afgezien van zijn cijfers en formules is Oa zichzelf ook Italiaans aan het leren. Italiaanse verhalen en gedichten spreekt hij in op zijn bandrecorder om vervolgens zijn uitspraak te kunnen terugluisteren en deze al doende te perfectioneren. Ook neemt hij cursuslessen van de radio op: *Keep up your Italian*, *Use your Italian*. Hij is erg trots als in de radiocursus een keer een taalkundige vraag van *Mr Asscher of Kew* behandeld wordt. Oa kent zelfs sommige Italiaanse gedichten uit zijn hoofd, zoals eentje over een baby in een wieg waar zachtjes sneeuwvlokken op neerdalen. Hij legt het gedicht vers voor vers uit. Het lijkt wel alsof het over de tuin in Kew is geschreven. Mij lijkt het niet prettig om in een bedje buiten in de sneeuw gezet te worden, toch klinkt het in het gedicht heel onschuldig. Het is raar om Oa in het Italiaans te horen spreken op een bandje, en nog merkwaardiger wanneer hij dat in het echt doet. Dan lijkt hij een beetje op een acteur.

Naast zijn talloze technische boeken, zijn kunstboeken en zijn plank met Italiaanse leerboeken, heeft Oa nauwelijks gewone leesboeken. Ik vermoed dat hij die zonde van zijn tijd zou vinden. Wat nog enigszins in de buurt komt zijn de boeken van de Poolse geograaf, ingenieur en schrijver Dr. F. Ossendowski, die hij vroeger als jongen las en die hij om een of andere reden bewaard heeft. Deze boeken, die ik achtereenvolgens van Oa mag lezen, zijn voornamelijk opgebouwd uit reizen door Siberië, Mongolië, Tibet en China, vol bloedstollende belevenissen en onwaarschijnlijke ontsnappingen aan het noodlot. Een van de delen heet *Dieren, menschen en goden*, een ander heeft als titel *In de wildernissen van Azië*. De hoofdstukken dragen spannende titels als: 'Onder moordenaars', 'Een gevecht met tarantula's', 'Driemaal wenkte de dood', 'Met Kirgiezen op de wolvenjacht' en – het slothoofdstuk van het laatstgenoemde boek – 'Op de vlucht voor mijn vrouw'. Het klinkt allemaal heel avontuurlijk, maar na een tijdje heb ik er genoeg van, misschien omdat de meeste alinea's beginnen met het woord 'plotseling'. Ik raak er buiten adem van, en tegelijk wordt het op den duur een beetje saai.

Staande voor de bandrecorder, van het merk Garrard, waarvan de spoelen in grote doorzichtige cassettes zitten, zingen mijn broertje en ik ieder jaar op verzoek van Oa een liedje. Als 'De Paashaas heeft het o zo druk' en 'Daar vaart een man op zee' foutloos geregistreerd zijn, mag ik bijvoorbeeld tot slot in de microfoon verklaren: 'Erik en ik hebben gezongen op 16 juli 1965.'

Op sommige van die grote plastic cassettebanden heeft Oa echte muziek staan: de *Chaconne* van Vitali, gespeeld door Mischa Elman, de *Variations Symphoniques* van César Franck, het *Tripelkonzert* van Beethoven en stukken van Mozart en Paganini, Pleyel en Ippolitov-Ivanov, naast opera-aria's gezongen door

Kathleen Ferrier, Giuseppe di Stefano en Renata Tebaldi. Het duurt een tijdje voordat ik deze stukken mooi vind. De melodieën klinken onwennig en de tekst is onverstaanbaar. De hele manier van zingen en van spelen komt erg overdreven over. Maar indrukwekkend is het zeker en door de herhaling en de geduldige uitleg van Oa worden sommige stukken me langzamerhand toch dierbaar. Volgens Oa is luisteren een kwestie van oefenen. Voor hem is alles een kwestie van oefenen; hij heeft per definitie geen vertrouwen in spontane resultaten.

Dwars op de boekenkast staat, half in de erker, een grote ovale tafel met een dik tafelkleed erop, voorzien van de nodige schrijfwaren en kantoorachtige spullen, waaronder een uitdraaibare zilveren loep die blijkens het aan de buitenkant ingegraveerde opschrift zestien keer vergroot. Daar zie ik ook de altijd glimmend gepoetste zilveren sigarettendoos die Oa bij zijn pensionering van zijn Shell-collega's cadeau heeft gekregen. De tafel heeft slechts één poot, dus hij wiebelt een beetje. Naast deze poot staat een vierkante houten prullenmand op kleine leeuwenpootjes. Voordien of nadien zag ik nooit zo'n prullenmand, bijna te bijzonder om er zomaar iets in te gooien. Om de tafel heen staan antieke, rechte stoelen. Een echte bureaustoel om in te werken is er niet, want Oa is tenslotte met pensioen. De glasgordijnen in de erker zijn altijd gesloten, zodat niemand naar binnen of naar buiten kan kijken. Aan de muren hier hangen vooral schilderijen van zijn eigen hand: een kopie van Rousseaus *La mare aux chênes*, een kademuur met schepen in Dordrecht,

Italiaanse landschappen en een portret van Oma in de tuin.

Links naast de bureautafel, schuin bij de vroegere haard met schoorsteenmantel, staat een leren crapaud met als zitting een zacht fluwelen kussen erin. Deze stoel is de ereplaats. Als ik het ben die op die troon mag plaatsnemen, zak ik er diep in weg, zo diep dat ik na een tijdje de grootste moeite heb om er weer uit te klimmen. Achter deze crapaud verbergt zich een grote achthoekige houten luidspreker die Oa zelf heeft ontworpen en eigenhandig heeft gebouwd.

Op de schoorsteenmantel prijkt een miniatuurpagode, die ik van Oa soms uit elkaar mag halen en – als het me lukt – weer in elkaar zetten. Hij is gemaakt van verschillende houtsoorten: lichtbruin, donkerbruin en pikzwart. Het is een puzzel in de vorm van een oosterse tempel, zo vernuftig in elkaar stekend dat ik de eerste keren machteloos aan het stapelen en het schuiven ben, totdat Oa's goddelijke hand met een paar simpele bewegingen laat zien hoe alles perfect in elkaar past. Terzijde van de crapaud, deels in de haard die niet meer in gebruik is, staat ook nog een antiek spinnewiel.

Het zijn allemaal wonderen van techniek hier, het een nog geheimzinniger dan het ander. Oa weet als enige van alles hoe het in elkaar zit, waar elk onderdeel toe dient en hoe het geheel werkt. Ook alle huishoudelijke apparaten onderhoudt hij zelf. Hij vervangt versleten onderdelen en voert waar nodig reparaties uit. Zodra iets op olie, gas, benzine of elektriciteit werkt, is het niet de bedoeling dat iemand anders er met zijn vingers aanzit. Nog jaren later vertelt mijn moeder van het drama dat zich voltrok toen zij, bij een van de eerste bezoeken aan haar toekomstige schoonouders, het had gewaagd het elektrische kacheltje in de zitkamer even aan te doen, nadat mijn vader en zij kletsnat van een uitstapje in de City waren thuisgekomen.

Een van Oa's meest vermakelijke apparaten, naast zijn Garrard-bandrecorder, is zijn grammofoon. Die zit ingebouwd in een speciaal op maat gemaakt meubel met een naar beneden uitklapbaar luik aan de voorkant. Gezien vanuit de deuropening staat dit meubel in de verste linkerhoek van de studeerkamer en voor het geluid is de grammofoon onzichtbaar verbonden met de octagonale houten speaker. Langs de muur links staan twee van die rechte hoge stoelen opgesteld, de zitting van zacht donkergroen fluweel, waarop ik zonder kriebel in mijn knieholtes kan zitten luisteren naar het kamervullende concertgeluid uit de enorme luidspreker, zo onvergelijkbaar met de blikkerige klanken uit het pick-upje bij mijn ouders thuis. Hier klinkt Jacqueline Boyer met haar 'Tom Pillibi' alsof ze in haar blote avondjapon en met haar kersenrode lippen in de kamer zelf staat te zingen. De tekst van haar Songfestivalwinnende chanson over een leugenachtige hartenbreker die tegen meisjes over allerlei niet-bestaande rijkdommen opschept, wordt door Oa regel voor regel met me doorgenomen en woord voor woord samen uit het Frans vertaald.

Een andere favoriet is het liedje 'Get up nice and early in the morning' van Jack Hylton, over wat je allemaal niet meemaakt als je vroeg opstaat. Om het satirische karakter te benadrukken, klinkt vooraf de volgende hoorspeldialoog:

[Geluid van kloppen op een deur]
[Geluid van een man die langdurig gaapt]
[Luider geluid van kloppen op een deur]
[Man, met verstoorde en vermoeide stem:] *Hello, hello.*
[Vrouwenstem vanachter de deur:] *Your morning cup of tea, Sir.*
[Man, nog steeds in halfslaap:] *All right, bring it in.*
[Vrouw, met aandrang in haar stem:] *I can't. The door is locked.*
[Man, verveeld:] *Oh, well push it under the door.*
[Vrouw, nu wanhopig:] *How can I?*
[Man, op verbeten toon:] *Spill it and kick it.*

Vervolgens zet de bigband van Jack Hylton de feestelijke instrumentale intro van het nummer in, waarvan verderop de meest memorabele regel luidt: *If you want to see your sweetie looking at her... worst / Get up nice and early in the morning.*

Er is ook een langspeelplaat van het Engelse cabaret-duo Michael Flanders en Donald Swann, getiteld *At the drop of a Hat*. Hun onnavolgbaar geestige ballades en conferences over uitheemse beesten, huishoudelijke problemen, de ongemakken van het reizen per vliegtuig of het onfortuinlijke lot van mensen die niet als Engelsman werden geboren, zijn goed voor vele uren luisterplezier en zorgen ervoor dat ik langzaam, jaar na jaar, een beetje een Engels klinkend Engels accent ontwikkel.

Wat ontbreekt er in deze kamer? Ik denk niet dat ik dat als kind onder woorden kan brengen. Integendeel, mij lijkt de studeerkamer van Oa het perfecte centrum van wetenschap, muziek en kunst. Er ligt een groen viltachtig tapijt, met daaroverheen een los Perzisch vloerkleed, zodat geen enkele voetstap hier de stilte, de concentratie of de muziek hoeft te verstoren. Na de avondboterham zitten we in deze kamer vaak nog wat te praten, Oa en ik, omringd door zijn schilderijen en boeken, al dan niet met muziek erbij. Mijn dreigende bedtijd probeer ik te rekken door het stellen van een vraag die alleen met de nodige uitleg kan worden beantwoord, zodat ik nog een kwartiertje extra op mag blijven. 'Hoe werkt differentiaal rekenen eigenlijk?' of 'Waarom kan het getal π niet precies berekend worden?' Als ik er nog een extra vraag bovenop doe (iets over logaritme of de stelling van Pythagoras), heeft Oa wel in de gaten dat ik aan het tijdrekken ben en moet ik onherroepelijk naar bed, nog nagenietend van zijn met tekeningen en formules geïllustreerde uitlegverhalen over problemen die voor mij normaal gesproken geen enkel probleem zijn.

Oa heeft een onbeperkt reservoir aan dergelijke technische kwesties, die hij meestal met een ogenschijnlijk eenvoudig vraagje inleidt: 'Om twaalf uur staan de grote en de kleine wijzer van de klok in dezelfde positie, immers precies op twaalf uur. Kun jij zeggen wat het eerstvolgende tijdstip is dat de beide wijzers exact op dezelfde plaats staan?'

Na enig kansloos nadenken met mijn onvolgroeide alfahersens antwoord ik vragend: 'Om vijf over een?'

Uit aardigheid rekent Oa het half goed, en steekt vervolgens met pen en papier van wal hoe je dat correcte tijdstip precies kunt uitrekenen, want in de vijf minuten die de grote wijzer nodig heeft gehad om bij de 1 uit te komen, is de kleine wijzer natuurlijk alweer een fractie voorbij de 1 gekropen. Maar hoeveel precies?

De uitkomst is voor mij van geen enkel belang en ik volg de berekeningswijze ook niet helemaal. Het is fijn om naar Oa's stem te luisteren en te zien hoe hij eerst met een rekenliniaal in de weer is en vervolgens met zijn vulpen in kleine donkerblauwe cijfertjes op lichtblauw postpapier de hele berekening in formules uitschrijft, als een geheim dat hij met niemand anders dan met mij wil delen. De uitkomst ziet eruit als een recept, maar een recept voor wat?

Verschrikkelijk trots ben ik als ik op een dag met de post thuis in Nederland een handgeschreven brief van Oa ontvang. Oma Roosje schrijft wekelijks, en soms zet Oa daar zijn naam ook onder, maar nog nooit heeft iemand in de familie een hele brief van hem gekregen, laat staan zo'n lange als deze. En dat niet eens vanwege mijn verjaardag. Het zou kunnen dat we door drukte op school een gepland bezoek hadden overgeslagen of het was een reactie op een wat uitvoeriger kerstkaart. In elk geval laat Ir. W.B.B. Asscher zich in deze handgeschreven brief op het vertrouwde lichtblauwe postpapier onverbloemd kennen. Dit is hem ten voeten uit: de enige bewoner van de planeet die Studeerkamer heet.

Om te beginnen heeft hij het over de opeenvolgende spellingshervormingen in Nederland, waar hij niet aan meedoet (hij schrijft gewoon nog steeds 'wenschen', 'zoo' en 'verloopen'), over de manier om in een handomdraai 2^{64} uit te rekenen en over de snelrekenaar Zacharias Dase, die in 1844 in nauwelijks twee maanden tijd het getal π tot 200 decimalen bepaalde. Tot slot geeft hij een geïllustreerde uiteenzetting over de zogenaamde benaderingsconstructie van Kochanski voor de berekening van de omtrek van een cirkel, inclusief een bijbehorend wiskundig diagram met cijfers en letters, ontleend aan het werk van deze geniale zeventiende-eeuwse Poolse jezuïet.

Onder aan de brief plaatst Oa nog een postscriptum, dat als volgt luidt:

> P.S. Als je een cirkel van 1 meter straal neemt en Kochanski toepast dan is BD minder dan 1/10 millimeter fout.

Dat P.S., dat zich onbedoeld laat lezen als een zelfportret van de briefschrijver – volledig geconditioneerd als hij is door een wiskundig beeld van de wereld –, vormt al die jaren later toch ook voor mij een aansprekende formule, een formule die symbool kan staan voor de pogingen om mijn geheugenbeelden van het huis op Pensford Avenue zo scherp mogelijk te stellen. Is die foutmarge bij Kochanski van maximaal 1/10 millimeter ook voor mij het hoogst haalbare? Tegen beter weten in blijf ik op mijn nachtelijke wandelingen streven naar een afwijking van 0: het perfecte samenvallen van mijn herinneringsbeelden met mijn vroegere waarnemingen, het volledig – zonder 1/10 millimeter verlies – redden van een voorbije tijd, die ergens in de biologische nullen en enen van mijn geheugen opgeslagen moet liggen, zodat het geen verschil meer maakt in welk bed ik werkelijk lig, daar of hier, toen of nu.

15

Talloos zijn de tekeningen die Oa maakt, in kleine oblong schetsboeken, bij voorkeur van bomen. Geen mensen, geen gebouwen, maar bomen, bij voorkeur van die oeroude exemplaren waar de Royal Botanic Gardens vol mee staan. De grilligheid van de schors, de beweeglijkheid van de bladerkruin rondom het stevige skelet van de takken, hij weet het levensecht te treffen. Hoe doet hij dat? Hoewel het omliggende blad papier gewoon wit blijft, staan de door hem getekende bomen ook echt in de grond geworteld. Bij mij hangen ze altijd een beetje in de lucht.

Het mooiste is als ik mag kijken terwijl hij zo'n tekening maakt. Soms doet hij dat in de Gardens op een bankje in de buitenlucht, dan kijkt hij ondertussen af en toe naar de boom die hij aan het schetsen is, soms tekent hij er ook eentje thuis naar een voorbeeld op een foto of uit een boek. Voor het resultaat maakt dat niet uit; je ziet de boom echt onder zijn handen groeien, hij verandert waar je bij zit, en als hij bijna klaar is en Oa met snelle heen-en-weerbewegingen nog iets aan de blaadjes bijwerkt, is het net alsof er echte wind door de tekening heen waait. Vanuit het vijfhoekige raam van mijn jongenskamer in Nederland tekent Oa een keer snel een berkenboom in de tuin van ons huis, gewoon met een paar vlotte lijnen op een blocnotevelletje. Het is van een verbluffende precisie, die tegelijk heel los overkomt.

Naar de Gardens gaan we nooit met Oa én Oma Roosje. Het is altijd of de een of de ander. Zo bestaan er twee volledig verschillende versies van deze onafzienbaar grote, langs de rivier de Theems aangelegde botanische tuinen. De Royal Botanic Gardens hebben een bètaversie en een alfaversie, een werktuigkundige en een dichterlijke, een rationele en een emotionele. Zelfs de wandeling ernaartoe is volkomen verschillend: Oa loopt niet, hij beent. Met hem wandelen we niet naar de Gardens, zoals met Oma, we stevenen erop af. Hij is ruim een hoofd groter dan Oma Roosje. Het lijkt wel of hij door grotere tandraderen wordt voortbewogen dan zijn echtgenote met haar kleine stapjes. Bij Oa is alles verticaal: zijn rijzige gestalte, de krijtstrepen op de pakken die hij draagt, dikwijls met een vest of een trui eronder, en altijd met een stropdas. De aan zijn bril vastgeclipte opzetzonnebril, die naar believen op- of neergeklapt kan worden, geeft zijn blik des te meer gezag, alsof hij daardoor extra goed geëquipeerd is om details te zien die anderen ontgaan.

Onder leiding van Oa doorkruisen we de tuinen alsof we op een wetenschappelijke expeditie zijn die geen uitstel duldt. Het onmetelijke park wordt letterlijk een proeftuin, waarin een wereld aan ontdekkingen te doen valt, waar overal lessen te leren zijn. De diverse broeikassen worden bezocht op de wijze van een tropische speurtocht over de warme continenten, nu eens in droge, dan weer in vochtige klimaten.

Bij alle planten en bomen zijn bordjes geplaatst of tegen de stam bevestigd met lange Latijnse namen erop, maar voordat ik er goed en wel eentje uit mijn hoofd heb geleerd is er alweer een volgende ontdekking die de aandacht opeist. Nadat we in het grote Palm House de lange paden met palmbomen, varens en druipende jungleplanten uit gelopen zijn, is het een opluchting om weer in de buitenlucht van de naar verhouding frisse Engelse zomerdag te staan. We inspecteren de gazons en stellen vast of ze wel naar behoren gemaaid worden en of de randjes wel scherp genoeg zijn afgestoken. We observeren de tuinlieden bij hun werk. Met snoeischaren zijn ze grote, bolvormige heggen aan het fatsoeneren.

'Prachtig,' stelt Oa vast, wanneer hij op het gazon achter de grote kas zo'n hele rij geschoren heggen in ogenschouw neemt, 'het lijken wel transformatorhuizen.' We lopen er niet over het gras naartoe, want we blijven keurig op de voor wandelaars bestemde paden.

Even later bukt hij om een waaiervormig boomblaadje van de grond op te rapen. Eigenlijk mag je niks van de grond oppakken, maar Oa mag het wel. Hij legt het blad voorzichtig op mijn geopende hand. Ik houd het steeltje een beetje klem tussen duim en wijsvinger zodat het niet van mijn hand af kan waaien. Dit is nu een blad van een prehistorische boom, legt Oa uit, als soort meer dan 270 miljoen jaar oud: de *Ginkgo biloba*. Dit is zelfs de enige prehistorische boom die nog altijd bestaat. Hij vertelt over de Chinese en over de Japanse versie en over de mannelijke versus de vrouwelijke ginkgo. Onwillekeurig moet ik denken aan de twee bomen naast de oosterse tempel op het blauw-witte servies van mijn grootouders. Zouden dat ook ginkgo's zijn?

Volgens Oa is het hier, in Kew, dat deze boom in de achttiende eeuw voor het eerst uit Japanse zaden werd gekweekt, en in mijn hand ligt nu zo'n typisch uit twee helften bestaand blaadje. Oa neemt het blad terug en steekt het zorgvuldig in zijn portefeuille. Straks als we thuis zijn krijg ik het weer van hem en gaan we het zo plat mogelijk in een van mijn boeken opbergen, zodat het goed bewaard blijft en langzaam zal drogen. Mijn allereerste ginkgoblaadje; ik heb het natuurlijk nooit weggegooid, maar in welk boek zou het nu zitten?

Wat is er in deze tuinen veel te zien. Er valt minstens zoveel over te vertellen als over de schilderijen in een museum. Voor Oa zijn de Gardens vooral een onuitputtelijke bron van kennis. De architectuur van de Chinese pagode, bijvoorbeeld, die aan het einde van een lange laan als een stuk speelgoed in de verte klaarstaat, en die hoger en groter wordt naarmate we dichterbij komen. Tien verdiepingen telt het gebouw, wat volgens Oa niet klopt, omdat het aantal altijd oneven hoort te zijn. Zijn we er ooit naar binnen gegaan en hebben we over de wenteltrap al die tien verdiepingen beklommen? Niet dat ik me herinner. Misschien was het gebouw gesloten of vond Oa het niet goed, uit vrees dat we over de trappen zouden gaan rennen.

Een stukje verder staat op een heuvel een Japanse boeddhistische tempel, waar je niet naar binnen kunt, gewoonweg omdat er geen 'binnen' is. Er is slechts een houten poort die altijd dicht is. Het enige wat je kunt doen is ernaar kijken. Of we kunnen eromheen lopen, in een rondom aangelegde tempeltuin, met in golfjes aangeharkt grind waar rotsblokken als kleine eilanden in drijven. Over dat grindwater is voor de sier een stenen bruggetje gemaakt. Als we in deze Japanse tuin lopen, met al die kunstig gekweekte bomen en de gesnoeide lage struiken, is het net alsof er vanuit de tempel iemand naar ons kijkt. Het is maar goed dat wij in Oa's studeerkamer op de schoorsteenmantel de houten puzzelpagode hebben. Die mogen we helemaal uit elkaar halen, zodat we weten hoe dit soort oosterse gebouwen in elkaar zitten.

De Gardens met Oma Roosje zijn totaal anders dan met Oa. Zij ruikt aan bloemen, bij voorkeur aan rozen. Als het zo uitkomt, loopt zij gewoon over het gras en ze heeft altijd oud brood bij zich voor de eendjes. We praten uitvoerig met alle eekhoorns die bij ons in de buurt durven komen. Met Oma gaan we nooit de broeikassen in, buiten in de frisse lucht is het veel prettiger. En hoe alle planten en struiken in het Latijn heten, dat maakt ons niks uit, als ze maar kleurig in bloei staan, zoals in de rododendronvallei, de rotstuinen of de perken met azalea's. Af en toe is er wel een bordje met een naam waar we hartelijk om moeten lachen, zoals een Nieuw-Zeelandse plant met paarsige bessen die 'Magenta Lilly Pilly' blijkt te heten. Dat levert meteen het begin op van een zelfgemaakt liedje dat we de rest van de middag zingen. Na een tijdje gaan we uitrusten op zo'n typisch Engels houten parkbankje, en blijken we gelukkig altijd wel iets te snoepen bij ons te hebben. Eén keer lopen we met Oma de eindeloos lange laan af van de grote palmenkas helemaal tot aan de oever van de Theems. Daar, uitkijkend op de overkant van de rivier, zien we in de verte het achttiende-eeuwse Syon House liggen. In mijn ogen is het net zo mooi als het huis van Oma Roosje en Oa.

Ook binnen de Gardens staan bijzondere gebouwen. Met Oa lopen we altijd even naar binnen bij het kleine museum van de negentiende-eeuwse reizigster en natuurschilder Marianne North, met zoveel ingelijste schilderijtjes van bloemen, planten en bomen, en ook van vulkanen, exotische vogels en tropische vruchten, dat er geen stukje onbedekte muur meer over is. Voor mijn verjaardag krijg ik van mijn grootouders een keer een boek over haar, waar al die honderden natuurschilderijen in staan afgebeeld. Er zijn zelfs planten naar haar vernoemd, een beetje zoals de octrooien die Oa op zijn naam heeft staan of de gedichten die Oma heeft gepubliceerd. Zo besta je ook buiten jezelf, in de rest van de wereld. Dat is een bestaan dat nooit meer kan worden uitgewist, dat tot in de eeuwigheid sporen nalaat, zeker als je, zoals Marianne North, ook nog een eigen museum hebt.

Wandelend van de ene natuurwetenschappelijke attractie naar de andere heeft Oa verhalen over de Monkey Puzzle Tree en hoe deze boom aan zijn naam komt. Volgens het bordje dat erbij staat heet hij eigenlijk *Araucaria araucana*, maar de Engelse naam klinkt veel leuker. De takken van die boom zitten zo onregelmatig aan de stam vast dat een aap die naar boven klimt volledig de kluts kwijtraakt. Een grappig detail in Oa's verhaal is dat deze boom naar Engeland is gekomen doordat een achttiende-eeuwse Britse scheepsarts die in Chili aan een officieel diner bij de gouverneur aanzat, een paar noten uit het opgediende dessert in zijn zak liet glijden. Toen hij die later in de grond stopte en ze liet uitkomen, kwam daar deze merkwaardige boom uit tevoorschijn, waarvan hij een paar exemplaren aan de tuinen in Kew cadeau deed.

Oa laat ons met behulp van zijn horloge en de zonnestand zien hoe je de hoogte van een boom kunt berekenen. Bij sommige bomen komen we uit op bijna veertig meter, dat wil zeggen wel drie keer zo hoog als het huis op Pensford Avenue. Hoe die berekening verloopt, snap ik niet helemaal, maar ik heb dan ook niet zo'n speciaal horloge als Oa. Met krassende stem imiteert hij een kraai die een hoge tak heeft gevonden om op te zitten en die zichtbaar in de rondte spiedt of er ergens een hapje te eten valt. Verder bemoeit Oa zich niet met de dieren in de Gardens, zoals de vele grijze eekhoorntjes die er rondscharrelen.

Soms brengen we ook nog een bezoekje aan Kew Palace, dat zich op een bord bij de ingang presenteert als het kleinste paleis van de Engelse koninklijke familie, met op de bovenverdieping naast een hemelbed de fauteuil waarin koningin Charlotte in 1818 is gestorven. Hoewel ik niet weet wie dat was, ziet de geheel met zwarte stof beklede stoel er nog altijd somber uit. Er hangt ook een oud schilderij waar de Chinese pagode in de Gardens op staat, zo geschilderd dat het wel een exotisch landschap in een ver land lijkt.

In het antiek gemeubileerde paleis van de dode koningin Charlotte blijven we niet lang, want voor een fraai huis met meubels en schilderijen hoeven we tenslotte de deur niet uit. Er is een ander, meer natuurlijk bouwwerk, een speciale favoriet waar we altijd even langsgaan, en dat is een enorme naaldboom niet ver van de vijver bij het Palm House. Zijn takken hangen rondom helemaal tot op de grond, zodat er een soort plantaardige kamer is ontstaan. Door een opening tussen die laaghangende takken kunnen we naar binnen glippen, en zijn we in het schemerdonker onzichtbaar voor de rest van de wereld. Daaronder is het aangenaam koel, ook op een hete zomerse dag. De takken rondom laten van het zonlicht alleen wat strooisel op de grond binnen. Op het bordje dat tegen de stam zit staat *Cedrus libani*, wat meer als de naam van een persoon dan van een boom klinkt.

Niet alleen vindt Oa het goed dat ik hier lopend over het gazon onder de boom naar binnen ga, hij gaat zelfs mee, zodat we ons gezamenlijk in deze plantaardige tent kunnen verschuilen. Daar kan het koninklijke paleisje niet tegenop. Wij zien de mensen op een afstandje wel over de geasfalteerde paden lopen: moeders met wandelwagens, een ouder echtpaar met een hond die keurig aan de lijn wordt gehouden zodat hij niet rond kan rennen, een tuinman met een rechthoekig karretje waar twee grasharken boven uitsteken. Al die mensen zien ons niet, maar wij hen wel! Alleen zo'n houten parkbankje ontbreekt hier nog, anders zou ik nooit meer uit deze verborgen boomkamer weg willen. Hier is het bijna nog fijner dan op 34 Pensford Avenue, hier in het geheime huis van Cedrus Libani, samen met Oa.

16

Wanneer ik mij vroeg in de ochtend heb aangekleed en vanuit de logeerkamer naar beneden loop, hoor ik mijn oma neuriën in de keuken. Zij en ik hebben dezelfde matineus afgestelde ontwaakgenen. Al op de trap ruik ik de geur van de uitgeperste sinaasappel, die ze op de keukentafel voor mijn ontbijt heeft klaargezet.

Voordat ik over de drempel van de keuken stap, ben ik vanuit de hall naar rechts door de smalle gang gelopen, die net als de gang op de bovenverdieping halverwege een haakse bocht naar links maakt. In de gang beneden hangen geen schilderijen maar gravures en tekeningen aan de muur. Aangezien daar weinig daglicht schijnt, heb ik mij die zwart-witdingen kennelijk niet goed ingeprent want nu ik er zo in gedachten weer langsloop kan ik me er nauwelijks eentje voor de geest halen. Vaag zie ik een straat met een rijtje oude gevels en een tekening van een keurig geklede juffrouw met een sukkelige bediende achter zich aan.

In de keuken staat meteen rechts om de hoek de koelkast, het fornuis en daarna het aanrecht, maar ik loop rechtdoor naar de grote ronde keukentafel, die bij het raam aan de achterkant van het huis staat. Om die tafel heen staan acht stoelen en iedereen heeft daar zijn vaste plaats, even onwrikbaar als de uren op een wijzerplaat. Op zes uur staat de stoel van mijn oma, het dichtste bij het fornuis en het aanrecht, op vier uur die van Oa, op twee uur die van mijn broertje en op tien uur de mijne. Op twaalf uur bevindt zich het raam dat uitzicht biedt op de tuin.

Naast de keuken, tussen het huis en dat van de buren, loopt het smalle buitengangetje dat naar achteren op de tuin uitkomt en aan de voorkant bij een houten deur. Deze houten deur zie ik nooit open; daardoorheen wordt vermoedelijk het vuilnis aan de straat gezet. Wanneer je in het altijd koele gangetje naar boven kijkt, zie je heel hoog een streep zomerlucht, een soort langwerpige blauwe brievenbus met boven en onder bakstenen muren van de grond tot aan de hemel. De kozijnen van de keukendeur zijn voorzien van een metalen tochtstrip, zodat de deur eerst een zuigend, daarna schurend geluid maakt wanneer hij wordt geopend. Links van deze deur is een grote vaste proviandkast, waar onder andere de ontbijtspullen en allerlei benodigdheden voor het koken in staan. Tussen deze proviandkast en de stoel van Oa aan de keukentafel staat – van vloer tot plafond, iets vooruitstekend ten opzichte van de buitenmuur – een roomwit geschilderde houten servieskast, met glazen ruitjes waardoorheen ik de borden, schalen, schotels en kopjes als in een museumvitrine kan zien staan.

Zo in de vroege ochtend zijn Oma en ik een halfuur of een uur lang samen, voordat de rest van het huis opstaat en naar beneden komt. Ik krijg mijn ontbijt alvast, zodat ik er lang over kan doen. Afgezien van sinaasappelsap en thee zijn er allerlei varianten van *cereals* met de romige volle melk en uiteraard is er toast, die Oma in een boven de koelkast aan de muur bevestigde toaster klaarmaakt. Hoe graag ik de echte Engelse marmelade ook lekker zou willen vinden, hij is me te bitter, en ik neem liever de zelfgemaakte zoete jam van fruit uit de tuin.

In Oma's keuken mag niemand iets doen, behalve zij. Hulp bij wat dan ook wordt resoluut afgewezen. Aangezien haar eigen moeder vroeger in een rolstoel zat, zorgt mijn oma al sinds 1915 of daaromtrent – eerst als oudste dochter in een gezin van zeven, later als vrouw des huizes met drie kinderen – voor het eten en de daartoe benodigde boodschappen, plus de van dat alles overblijvende afwas. Dat gaat volgens haar het beste als niemand haar voor de voeten loopt. Dus waarom zou ik, als ik op haar aandringen ook gewoon kan gaan zitten en alles voor mijn neus gezet krijg?

Het diepe bord waaruit ik mijn cereals eet en het ontbijtbordje voor de toast zijn onderdelen van een uitgebreid servies, Blue Willow genaamd, met oosterse decoraties in paarsblauw tegen een witte achtergrond. De steeds terugkerende voorstelling is er een van een groepje bomen in een tuinlandschap, met een tempel achter een laag hek en een smalle brug over het water. Over dat water vaart een bootje. Uit de bomen in het gestileerde landschap vliegen twee vogels op. Bij het leegeten van mijn bord komt deze sprookjesachtige voorstelling hap na hap langzaam tevoorschijn. Telkens is het alsof er op basis van dezelfde voorstelling een nieuw verhaal ontstaat. De ene keer lijkt het of de twee vogels dwars tussen grote Engelse doperwten door hun toevlucht in dit blauw-witte paradijs zoeken, een andere keer vliegen ze juist uit de kou van twee of drie bolletjes vanille-ijs de lucht in, ver voorbij de brug over het water. Al kauwend en slikkend kan ik bij iedere maaltijd een eigen draai geven aan het Chinese sprookje dat hier wordt uitgebeeld.

Het tempeltje dat langzaam vrijkomt terwijl ik mijn bord leegeet, lijkt een beetje op de houten pagode in Oa's studeerkamer en op de boeddhistische tempel die zich in de Gardens tussen de bomen verschuilt. Thuis is een etensbord gewoon een etensbord, in Kew is alles met alles verbonden. Onder in de servieskast zijn kastjes met dichte deuren, waarachter ook nog soepterrines en grote dekschalen staan, allemaal met die twee vogels, de bomen, de tempel en de brug over het water. Die schalen gebruiken we nooit, want Oma doet het eten altijd direct op ons bord.

Op de keukenvloer ligt beigekleurig zeil met een los kleed eroverheen, waarvan ik niet meer goed kan zien waar het ligt, onder de tafel of juist in het midden van de keuken. De stoelen die om de tafel staan zijn van hetzelfde type als de twee die in de hall staan, met een ronde hoge rugleuning en in het kuiltje van de zitting voorzien van een plat Perzisch kussen, zodat het na een tijdje gaat kriebelen als ik een korte broek aanheb.

Aan de rechtermuur van de keuken – op drie uur van de keukentafel – hangt een houten tafel met een aardewerken vergiet en daarbij een uitstalling van radijzen, uien, wortelen en aardappelen, tegen de achtergrond van een in schuine plooien gedrapeerd donkergroen velours gordijn, waarvan ook een stuk rechts over de tafel ligt. Er is een mes dat over de tafelrand naar voren uitsteekt. Het ziet er allemaal even echt en tastbaar uit, maar het is een door Oa geschilderd stilleven. Heeft hij het trucje met dat vooruitstekende mes van de Vollon in de zitkamer afgekeken of is dit toeval?

Aan de tegenovergelegen muur, op negen uur van de keukentafel, hangt een klein kleurig landschapje of een gezicht op een parkachtig stukje tuin, met een perk vol bloemen. Ik kan het helaas niet goed onderscheiden, waarschijnlijk omdat ik er zelf altijd schuin met mijn rug naartoe zat.

Voordat tussen de middag het warme eten op tafel komt, slijpt Oa alle messen aan een langwerpige ronde vijl, ook het mijne. Hij doet dat met zoveel gretigheid dat zijn mond vanzelf in een grimas gaat staan en zijn beide ellebogen bij elke zwiepende haal op en neer wippen. Na afloop houdt Oa de vijl bij zich in de buurt, zodat hij morgen de messen weer een beurt kan geven. Nu is alles op scherp gezet voor de gevulde borden waar Oma mee aan komt lopen.

Kibbelen doen mijn grootouders bij voorkeur tijdens het eten, aan de keukentafel. Ik probeer altijd net te doen alsof er niets bijzonders aan de hand is. Toch luister ik wel degelijk terwijl ik in mijn bord zit te kijken. Oa zegt bijvoorbeeld op droge, zakelijke toon, terwijl hij een hap eten in zijn mond steekt: 'Dat heb je al eens verteld.'

'Hèh, laat mij nou ook eens even!' reageert mijn oma, terwijl ze haar schouders optrekt of vrij bruusk van tafel opstaat om nog iets te pakken. Vaak gooien mijn grootouders als het ware kleine steentjes naar elkaar, die gaandeweg groter worden. Soms zijn het forse kiezels, maar er gaan nooit echt hele bakstenen over en weer, laat staan dat er ruiten of borden sneuvelen. Niettemin kan het volume soms snel toenemen.

Het begint meestal onschuldig. De een gebruikt in een zin het Engelse woord voor siroop, en spreekt dat uit met een i-klank als *sirup*. De ander corrigeert dat en beweert dat je dat woord met een ai-klank uitspreekt als *syrup*. Dat gaat zo een tijdje heen en weer:

'*Sirup.*'

'*Syrup.*'

'*Sirup.*'

'*Syrup!*'

Oma herhaalt haar versie nogmaals – een fractie zachter – en voegt er 'st-st-st' aan toe, om aan te geven dat ze gelijk heeft, en dat ze het hierbij zou willen laten. Dat laat Oa niet gebeuren:

'*SYRUP.*'

'*Sirup* – st-st-st-hèh.'

'*SYRUP!*'

En zo verder.

Het maakt niet uit of er andere mensen bij zijn. Met visite erbij gaan mijn grootouders onderling even gemakkelijk een discussie aan. Hoe kleiner het twistpunt, des te scherper de uitwisseling. Zo gebruikt Oa een keer tegenover zijn jongere broer Martijn die op bezoek is het Oudengelse woord voor gevangenis *gaol* en spreekt dat uit als *goal*.

'Je moet *jail* zeggen,' aldus Oma Roosje.

'Het is *goal*,' reageert Oa.

'Werkelijk niet, het is *jail*.'

'*Goal!*'

'*Jail* – st-st-st-hèh.'

'*GOAL!*'

'St-st-st', en haar versie bijna onhoorbaar nog een keer mompelend staat mijn oma op van tafel en loopt naar achteren. Mijn oudoom Martijn hoort het zwijgend aan, en neemt niet de moeite zich erin te mengen. Geeft hij me een knipoog of lijkt dat maar zo?

Een regelmatig terugkerend stukje aan de keukentafel is ook mijn grootvader die voor een tweede of derde portie van de warme middagmaaltijd bedankt door op sardonische toon te verklaren: '*J'ai assez*.'

Niet voor het eerst legt Oma Roosje aan ons uit dat dat geen correct Frans is. Die arme kinderen krijgen volgens haar op deze manier een volkomen verkeerd voorbeeld voorgeschoteld.

'Je moet zeggen: *Je suis satisfait*, liefst nog voorafgegaan door *Non, merci*. Dus: *Non, merci, je suis satisfait*. Of je kunt zeggen: *C'était délicieux, mais permettez-moi de ne pas en reprendre*. Dat is helemaal keurig.'

'*J'ai assez!*' herhaalt mijn grootvader op nadrukkelijke toon.

Mijn oma staat op van tafel en loopt zwijgend met de vuile borden naar de gootsteen.

Mijn broertje en ik hopen op een ander onderwerp, maar durven zo gauw zelf niks aan te snijden. Gelukkig is daar in de diepe dessertborden het ijs al, waar een grote scheut Ribena-bessensiroop overheen gaat. Daarmee kan ik alles – inclusief het gekibbel – heerlijk laten wegslepen over mijn tong, totdat vanuit de scharlaken siroop en het roomwitte ijs de twee vogels zich uit het Chinese landschap losmaken om over het water naar verre verten te vliegen.

De aansluitende koffie met melk en suiker verzoet het samenzijn nog verder en nadat de afwas – niet door ons – in *no time* blijkt te zijn gedaan, gaan we met Oma naar de zitkamer om iets kalms te doen en bij te komen van de verzadiging.

Vanuit de studeerkamer klinkt luid en duidelijk: '*J'AI ASSEZ!*'

17

Hoewel je in de tuin van 34 Pensford Avenue niet echt kunt wandelen zoals in de Gardens, en er geen broeikassen, vijvers of pagodes zijn, hebben wij toch ook een veelheid aan soorten planten, struiken en bomen. En in plaats van dat er dagelijks tientallen tuinlieden aan het werk zijn doet mijn grootvader het onderhoud helemaal zelf. Is de tuin voor mijn grootmoeder een bron van genoegen en genieten, voor Oa is het een werkterrein. Wanneer ik een beetje sip voor het raam zit te kijken omdat het al de hele ochtend regent, constateert hij met een tevreden grijns hoe hem door het hemelwater het nodige werk uit handen wordt genomen en hoe zijn borders er straks des te fleuriger bij zullen staan.

Toen ze zovele jaren geleden in het huis kwamen wonen, zo wil het overgeleverde scheppingsverhaal, heeft Oa de tuin eigenhandig ontworpen en aangelegd. Ik stel me de aarde woest en ledig voor, alvorens mijn grootvader ten tonele verschijnt om het terrein om te toveren tot zijn eigen paradijselijke Gardens. Eerst scheidde hij het huis van de tuin door in een halve cirkel een terras van flagstones te leggen. Vervolgens, zo luidt het verhaal, wierp hij links en rechts op het tientallen meters diepe terrein twee lange touwen uit. Waar deze slingerend op de grond terechtkwamen, perkte hij aan beide zijden langs de schuttingen de bloemperken af, waarna hij in het midden een zo Engels mogelijk gazon inzaaide. In dat gazon bedacht hij drie uitsparingen: twee ronde vooraan (links voor een goudenregen en rechts voor een Reine Victoria-pruimenboom) en verderop rechts een vierkant perk voor een laag groeiend appelboompje.

Na jaar in, jaar uit geduldig sproeien en maaien is het gazon nu zo glad als een fluwelen tapijt, alles met behulp van de indrukwekkende gemotoriseerde grasmaaier, een enorm gevaarte van het merk Jerram & Pearson, bijgenaamd 'de Rolls-Royce onder de grasmaaiers'. Hoewel ik in Nederland in onze opeenvolgende tuinen van jongs af aan vaak genoeg – in elk geval vaker dan mij lief is – het gras moet maaien, zou ik het niet in mijn hoofd halen om een vinger uit te steken naar Oa's grommende monstermaaier. Alleen al de gedachte dat het ding, zodra ik zou willen beginnen met maaien, op eigen kracht wegrijdt en misschien niet meer te stoppen valt, vervult mij met een aan paniek grenzend wantrouwen.

Om het gazon te perfectioneren heeft Oa naast zijn motormaaier ook nog een rollende metalen wals waarmee het grasoppervlak perfect vlak en glad wordt gehouden. Die wals krijgt een kind niet van zijn plaats, gesteld al dat ik er aan zou mogen zitten. Dat loeizware ding wordt uitsluitend door Oa zelf heen en weer over het gazon getrokken, waarna hij altijd even met zijn polshorloge in de hand zijn hartslag controleert.

De randen van het gazon bij de bloemperken zijn vlijmscherp, iets schuin afgestoken. Als ik daar per ongeluk op stap en de rand raakt beschadigd, weet ik van schrik niet hoe snel ik het zaakje weer in elkaar moet kleien. Vervolgens is het nodig dat ik ergens ongemerkt mijn handen schoon krijg. De randen van het gazon vernielen, dat is een van de ernstigste dingen die je in de tuin verkeerd kunt doen. Terwijl ik in gedachten op het terras sta en alle groene weelde tot mij door laat dringen, realiseer ik me dat Oa met zijn tuin drie duidelijk omlijnde bedoelingen moet hebben gehad: om naar te kijken, om in te werken en om fruit voort te brengen. Al het andere wat een kind in deze tuin zou kunnen doen, mag niet. Met inachtneming van deze beperkingen is de tuin van 34 Pensford Avenue een absoluut paradijs.

Aan de linkerkant van het gazon staat tegen de muur van de garage een groene bak die het regenwater uit de dakgoten opvangt. Als ik vandaar langzaam lopend mijn blik langs de schutting naar achteren laat gaan, zie ik eerst een forse perenboom, dan wat lagere, bloeiende beplanting en vervolgens een hoge en volle Japanse kers. Vlak daarna, weer iets dichter tegen de schutting aan, is een klein rosarium, met hoog opgebonden bloeiende rozenstruiken waaruit dagelijks door Oma een paar grote rozen voor in een vaasje op de keukentafel worden geknipt. Daarachter zijn nog een heleboel andere bloemen, die ik niet kan determineren.

Wanneer je vanaf het huis gezien niet aan de linker- maar aan de rechterkant langs de zijperken naar achteren loopt, passeer je eerst de Reine Victoria-pruimenboom, de boom waar Oa weleens, gehuld in een oude regenjas en dito hoed, met zijn blikken flitspuit vanaf een hoge trapleer insecticide in staat te vernevelen. Schuin achter die pruimenboom staat een stenen beeld van een zittend meisje, dat me met een treurige blik aankijkt. Ik vind haar een beetje eng, omdat het oppervlak van de kalksteen verweerd is en haar gezicht en lichaam er daarom ziekelijk uitzien, alsof ze aan een gemene huidaandoening lijdt. Toch is ze, net als het dode vogeltje op de hoek van Nylands Avenue, niet alleen zielig, maar ook mooi, en ze zit daar lief te waken over een niet-bestaand graf. Achter het naamloze meisje staan nog andere struiken en hoge gele bloemen, en daar weer achter komt de vrij liggende vierkante border met het appelboompje, met tegen de schutting frambozen- en bramenstruiken.

De exotische namen die Oa voor al zijn prachtige bloemperken gebruikt (vaag staan mij de woorden floxen, gloxinia's, buddleja en lupines bij) warrelen in mijn geheugen door elkaar en ik zou niet weten hoe ik elke rood of geel, paars of roze bloeiende plant die ik in mijn herinnering zie aan een van deze namen kan koppelen. Wat zou het nuttig zijn geweest als Oa bij al die honderden verschillende soorten bloemen en planten in de tuin, net als in de Gardens, een bordje had gezet met de naam erop. Zonder twijfel had ik dan nog steeds geweten wat waar stond, terwijl ik nu te midden van alle kleuren en vormen de kluts volkomen kwijt ben. Zo loop ik op mijn nachtelijke wandelingen een beetje verdwaasd door de tuin, met kleurige vlekken links en rechts die zich maar niet scherp laten stellen. Ik voel me een beetje als een huisdier dat langs een boekenkast loopt; er staat daar wel iets, maar het richt zich niet tot mij. Al dat prachtig bloeiende, maar naamloze bloemengoed wordt iedere avond met een enorme gieter vol water uit de regenwaterbak begoten. Als het echt zomers warm en droog is, wordt de sproeier tevoorschijn gehaald, die wuivend van de ene naar de andere kant de waaier aan waterstraaltjes over de tuin verdeelt. Daar mag ik ter verkoeling vanaf het terras naar kijken.

Op ongeveer driekwart van de tuin, waar de bloemperken ophouden, staat zowel links als rechts een halfhoog, overgroeid muurtje. Daarna volgt het door het gebladerte van hoge vruchtbomen beschemerde laatste stuk van de tuin, waar het koeler is. Achter het muurtje links ligt de altijd beschaduwde compost heap. Bij de kersen-, appel- en perenbomen die hier staan komt veel vogelbestrijding kijken, wat Oa doet door middel van wegsnauwen en handengeklap. Wij nemen het af en toe van hem over, maar kraaien hebben lak aan kwetterende kinderstemmen of onmachtig kletsende handjes, dus dat haalt niet veel uit en het verveelt dan ook snel.

Ter hoogte van de twee muurtjes links en rechts staat midden in het gazon, daar waar het gras onder de fruitbomen naar omlaag glooit, een hoge cipres met niet één, maar twee punten in zijn top, omdat deze boom ooit door iemand – vast niet door Oa – op een verkeerde manier is afgetopt. Nu, vele jaren later, biedt die aldus ontstane V-vormige splitsing van de stam 's nachts een extra uitnodigend plekje voor een uil. Zelf krijg ik deze uil nooit te zien of te horen. Toch wordt er aan het ontbijt regelmatig over gesproken hoe hij 's nachts weer aan het roepen is geweest. Daar moet ik compleet doorheen geslapen hebben!

Helemaal achter in het laatste donkere stuk van de tuin staat een muurhoge haag van seringen. Die verspreidt zo'n karakteristieke geur, daar heb ik geen bordje voor nodig om de naam te onthouden. Na de maaltijd lopen we soms met z'n allen, onder aanvoering van mijn grootvader, bij de invallende avond nog even naar achteren om te ruiken. Onder de fruitbomen lijkt het al bijna nacht. Van de uil nooit een spoor. Sinds ik weet van de geheime zilverschat bij de compost heap durf ik achter in de tuin niet goed meer die kant op te kijken. Het liefst zou ik willen dat Oa ook mij daarover in vertrouwen neemt, maar dat kan natuurlijk niet. Het is me wel duidelijk dat het zelfs helemaal niet de bedoeling is dat ik dit weet. Als je ergens niet over praat, dan is het er eigenlijk niet.

In de diepere glooiing van dat deel van de tuin is het gazon niet zo perfect als in het voorste deel, en er liggen allerlei twijgjes en blaadjes op het gras, die Oa op het voorste deel van het gazon nooit zou tolereren. De geur die bij de haag hangt is zwaar, alsof deze zich de hele zomerdag lang heeft verzameld, om zich nu bij avond in één keer als een overvloed prijs te geven.

Vooral Oma Roosje snuift de zoete lucht overdreven nadrukkelijk in.

Zwijgend lopen we op een rijtje, mijn grootvader voorop, over het zacht verende, kortgeschoren gras terug naar het huis. Als ik even later in bed lig, ruik ik dwars door de zeep heen nog steeds de geur van de seringen.

18

Wie er op het idee is gekomen weet ik niet, maar wat wel vaststaat is wie het uitvoerde. Dat was de Haagse advocaat en enthousiast amateurgenealoog mr. IJ.H.M. Nijgh. Met hem legde mijn grootvader in een uitvoerige briefwisseling, die ik in twee dossiermappen uit het bezit van mijn vader heb geërfd, alle juridische puzzelstukjes tot een sluitend geheel, op de wijze van een oosterse miniatuurpagode die slechts op één manier perfect in elkaar past.

Het idee was simpel, namelijk om van het 'Joodse huwelijk' van mijn grootouders een 'gemengd huwelijk' te maken. Aan de kant van Oma Roosje viel er op dit punt niets te halen, want zij had onmiskenbaar vier Joodse grootouders en dus ook twee volledig Joodse ouders. Aan de kant van Oa was er een mogelijkheid om diens Joodse vader, die immers indertijd in Schotland zonder ouderlijke toestemming met zijn grote liefde Elisabeth Bree getrouwd was en die in 1934 was overleden, als het ware te laten verdwijnen en daar een niet-Joodse vader voor in de plaats te stellen. Dat kon slechts door middel van bedrog, en dat bedrog moest zo officieel en overtuigend zijn dat de Duitse bureaucratische machinerie de ingediende leugens als formele waarheid zou accepteren, als zodanig wel móest accepteren.

Sinds ik de beide dossiermappen in een paar avonden geheel heb doorgenomen, inclusief enkele handgeschreven blocnotevellen met een afgebroken poging van mijn vader om zijn oorlogsherinneringen op papier te zetten, heb ik de kale feiten nu op een rij. Begin april 1943 worden mijn grootouders en de drie kinderen in hun woonplaats Scheveningen door Nederlandse politieagenten van huis opgehaald en een dag of wat later per trein naar Drenthe vervoerd. Op 10 april komen ze in Westerbork aan. Daar worden ze alle vijf ondergebracht in de barakken op het kale, winderige terrein dat het kamp toen was. Ook een 'landschap met figuren', zeg dat wel, maar dan als een morbide omkering van de zo vertrouwde wereld van het bij strand en zee gelegen Belgisch Park in Scheveningen.

Afgezien van het wachten op het eventuele onheil, te midden van de vele duizenden medegevangenen, wordt iedereen op de een of andere manier tewerkgesteld. Oa moet helpen met de aanleg van een verhard pad naar de tandarts in het kamp, het Zahnstation Lager Westerbork in barak nr. 88. Oma Roosje geeft les in de schoolbarakken, waar de kinderen lange dagen maken opdat ze zo veel mogelijk beziggehouden worden. Mijn vader komt bij de Fliegende Kolonne, belast met het helpen bij het in- en uitladen van bagage uit de treinwagons. En als het even kan speelt hij voetbal. Er bestaat zelfs een foto van zijn elftal, in zo'n typische groepsopstelling – sommigen staand, anderen hurkend, eentje met de bal – zodat het tafereel, als je niet beter weet, er volstrekt onschuldig uitziet. Tot het je opvalt dat de kleren die ze dragen een niet erg sportieve indruk maken, dat de leeftijden van de spelers nogal uiteenlopen en dat hun schoenen er haveloos uitzien. Zijn zus Judith en de twaalfjarige Dolf krijgen een baantje bij de ordonnansen.

Het is onwezenlijk om te beseffen hoe ondertussen in Nederland in diezelfde weken veel van het dagelijkse leven gewoon doorgaat. Als je afgaat op de alledaagse gebeurtenissen in de rest van het land, zoals die in kranten te vinden zijn, zou je niet op de gedachte komen dat er op datzelfde moment in de provincie Drenthe iets bijzonders aan de hand is. Fanny Blankers-Koen verbetert het wereldrecord hoogspringen (1,71 meter). Dienstjubilea worden gevierd, waaronder dat van de beiaardier van het Koninklijk Paleis op de Dam, en in de strijd om het landskampioenschap wordt Heerenveen met 2-1 door Feijenoord verslagen. De eerste vrouwelijke postboden verschijnen in het straatbeeld, en op 17 april 1943 wordt tafeltennisser Cor du Buy kampioen van Amsterdam. Hoera. Op diezelfde dag wordt mijn vader in Westerbork achttien jaar oud. Waarom heb ik hem nooit gevraagd hoe hij die dag heeft doorgebracht?

In het dagboek van mijn oma, dat opent met hun verhuizing naar Londen op 27 juli 1947 – vier jaar nadien –, wordt met geen woord over de maanden in het kamp gerept. Ook Oa heb ik er nooit iets over horen vertellen of zelfs maar naar horen verwijzen, hoewel daar tijdens de lange logeerweken in opeenvolgende zomers toch alle gelegenheid voor zou zijn geweest. Niettemin moet hun nipte ontsnapping uit het Polizeiliches Durchgangslager een uitgesproken enerverende, wellicht zelfs traumatiserende ervaring zijn geweest. De logische verklaring moet wel zijn dat dat laatste juist de reden was voor hun stilzwijgen, dat in het geval van Oa zelfs absoluut was, even absoluut als zijn anti-Duitse sentimenten.

Een blik in de online toegankelijke transportlijsten leert dat in dezelfde periode dat het gezin van mijn grootouders in Westerbork verbleef, een kleine 18.000 mensen vandaar naar Sobibor werden gedeporteerd, onder wie bijvoorbeeld de componist Leo Smit en de drukker en latere publicist Jules Schelvis. De eerste werd al enkele dagen na aankomst in Polen vermoord, de laatste was de enige overlevende van het transport van totaal 3.006 mensen dat op 1 juni vanuit Westerbork was vertrokken. Zo had het ook met het gezin Asscher heel anders kunnen aflopen, zeker gezien het tamelijk onwaarschijnlijke verhaal dat ze op dat moment via mr. Nijgh bij de Duitse bezettingsautoriteiten aan het bepleiten waren.

Het slimme van Nijghs aanpak was dan ook niet zozeer gelegen in de inhoudelijke aannemelijkheid van zijn brieven, verzoekschriften en andere stukken, maar in de dwingende opbouw en vorm daarvan. Er was simpelweg geen speld tussen te krijgen. Doordat hij vele van dergelijke zogeheten 'afstammingszaken' deed, beschikte hij als Haags advocaat ook over de juiste contacten met de burelen en verantwoordelijke personen in Den Haag.

In de mappen met familiepapieren uit het bezit van mijn vader zitten honderden brieven, documenten, afschriften van notariële verklaringen en kopieën van officiële verzoekschriften. De daarop overvloedig zichtbare stempels van hakenkruizen en adelaars brengen de benauwdheid en de angst van die dagen voelbaar dichtbij. Zonder deze geslaagde papieren trucage zou er geen grootouderlijk huis aan Pensford Avenue in Kew zijn geweest, zou mijn in Westerbork inmiddels achttien jaar geworden vader op zijn best een ongewis lot tegemoet zijn gegaan en zouden deze woorden niet geschreven zijn, al helemaal niet door degene die ik gewend ben 'ik' te noemen. Dit alles geeft wat ik 'een papieren trucage' noemde de allure van niets minder dan een wonder.

De heldin die wat mij betreft op ondubbelzinnige wijze uit de map met juridische en notariële paperassen naar voren komt, heet Everdina (roepnaam Evertje) Bree, geboren in 1872. Zij woonde in Baarn op de Noorderstraat 11. Ze was de vierde van elf kinderen van een plaatselijke zadelmaker en twee jaar jonger dan haar zus, Elisabeth Bree, die mijn overgrootmoeder was. Deze Evertje Bree, binnen de familie tante Eef genoemd, was net als haar oudere zus een gelovige christenvrouw, maar zij had er onder de gegeven omstandigheden in haar geweten ten opzichte van God geen moeite mee om, als belangrijke eerste bouwsteen in het hele oplichtingsverhaal, tegenover de Haagse notaris J.C.Th. Groneman in aanwezigheid van twee getuigen te verklaren:

> [...] zeer wel te weten, dat de Heer William Benjamin Bree Asscher, werktuigkundig-ingenieur, wonende te Scheveningen, Brugschestraat 21, de zoon is van den Engelschen Ariër William Knight. Waarvan akte in minuut, verleden te 's Gravenhage, den zestienden Juni negentienhonderd-twee-en-veertig.

Met andere woorden, mijn overgrootmoeder was weliswaar met mijn overgrootvader getrouwd, maar de geboorte van mijn grootvader zou het product zijn van haar verhouding met ene William Knight, een niet-Joodse Engelsman die haar vervolgens had laten zitten. Mijn overgrootvader zou er naderhand niet moeilijk over hebben gedaan dat zijn bruid ten tijde van hun huwelijk in Nederland in 1902 al een kind van een ander had, maar dat maakte deze echtgenoot nog niet tot de biologische vader van het jongetje.

Het opzienbarende van deze verklaring zit hem er om te beginnen in dat dit een regelrechte leugen was. Tante Eef wist donders goed dat mijn overgrootvader Benjamin Asscher de vader van haar neef (mijn grootvader) was geweest. Als zus van Elisabeth Bree kende zij van dichtbij de geschiedenis van hun *elopement* naar Schotland om daar zonder toestemming van Benjamins ouders te trouwen, en ze was er volledig van op de hoogte dat uit dit huwelijk vervolgens een zoon genaamd William Benjamin (mijn grootvader) was geboren.

Toen mijn overgrootouders, na verzoening met de eerst zo onwillige vader van de bruidegom, voor de

Nederlandse wet waren getrouwd, kreeg mijn grootvader pas formeel de achternaam 'Asscher', nadat hij in het Nederlandse Bevolkingsregister naar zijn moeder eerst als 'William Benjamin Bree' geregistreerd had gestaan. De naam 'Bree' voegde hij voor de rest van zijn leven als een extra voornaam aan zijn initialen 'W.B.' toe. Eenmaal in Nederland gevestigd, werd het gezin al spoedig uitgebreid tot vier kinderen: na mijn grootvader kwam een dochter en daarna nog twee zonen.

Het meest spectaculaire van de door tante Eef afgelegde notariële verklaring is dat de hele 'Engelsche Ariër' William Knight helemaal nooit bestaan heeft en louter een verzinsel was om het verhaal compleet te maken. De achternaam 'Knight' geeft deze niet-bestaande figuur zelfs ridderlijke allure, een vondst die er bijna om vraagt ontmaskerd te worden. Dat was voor de Duitsers echter niet zo gemakkelijk. De registers van de Engelse Burgerlijke Stand waren uiteraard niet toegankelijk voor controle door de aan het Haagse Binnenhof gevestigde instantie die over het ingediende verzoekschrift te beslissen had. Die instantie was een onderdeel van het Commissariaat-Generaal voor Bestuur en Justitie en luisterde formeel naar de naam: *Entscheidungsstelle über die Meldepflicht aus vo 6/41*, een verwijzing naar de verordening nr. 6 uit begin 1941 waarin door de Duitsers was bepaald dat alle Joden zich dienden te registreren.

Zolang het dossier naar de vorm perfect in orde en volledig was, was er voor de ambtelijke beoordelaars, onder leiding van de Duitse jurist Hans Georg Calmeyer, geen reden om een dergelijk verzoek af te wijzen. Er zijn mensen die zelfs menen dat deze Calmeyer waar hij dat kon in geval van twijfel zo veel mogelijk in het voordeel van de indiener van het verzoekschrift oordeelde. Een dergelijke souplesse, als daar al sprake van is geweest, was in het geval van mijn grootvader niet aan de orde. Zijn dossier sloot naadloos. Met behulp van een verzonnen biologische vader, naar wie hij ook nog eens – heel toepasselijk – vernoemd zou zijn, werd Oa langs deze weg stap voor stap van 'half-Jood' tot 'ariër' gemaakt, of zoals het met een van die lugubere oorlogsneologismen heet: hij werd 'geariseerd'.

In een historische studie over de vele duizenden van dergelijke afstammingszaken die tijdens de bezetting aangespannen zijn, lees ik dat deze wijze van redding langs juridische weg uiteindelijk bij totaal slechts ongeveer 50 personen is gelukt. Andere historici gaan uit van een groter aantal geslaagde gevallen van juridische 'ontjoodsing'. De Jodenvervolging tijdens de oorlog is een kwestie van getallen en over al die getallen valt te twisten: 6.000.000. 100.000. 50. 5. En uiteindelijk gaat het om het getal 1, want anders bestaat de wereld helemaal niet.

Per aangetekende brief van 30 april 1943 komt uiteindelijk het verlossende besluit van de Rijksinspectie van de Bevolkingsregisters dat mijn grootvader inderdaad als niet-Joods moet gelden en dat er dus sprake is van een gemengd huwelijk, niet van een Joods echtpaar. Dat resulteert er eerst in dat zij op 11 juni 1943 van de 'Interneringsbarak 73' verhuizen naar de 'Interneringsbarak 64'. Daarvan sturen zij zelfs per post een adreswijziging aan vrienden in Voorburg. Die adreswijziging had ik al eens eerder in handen, maar pas nu begrijp ik het. Nr. 73 was een barak voor 'Joods gehuwden', nr. 64 was voor 'Gemengd gehuwden'. En de aanduiding 'Gemengd gehuwden' betekende op dat moment: vrijheid.

Inderdaad wordt het gezin op 16 juni van dat jaar daadwerkelijk gevijven vrijgelaten. Op de *Entlassungsschein* die voor elk van de vijf wordt afgegeven, prijkt de handtekening van de kampcommandant van Westerbork, SS-Obersturmführer Konrad Gemmeker. Deze officier, die persoonlijk de verantwoordelijkheid had gedragen voor het ordelijk verloop van de massale Jodentransporten vanuit Nederland naar de Duitse vernietigingskampen, werd al in 1951 – om extra feestelijk te vieren dat prinses Juliana drie jaar eerder de troon van het Koninkrijk der Nederlanden had bestegen – wegens goed gedrag uit de gevangenis ontslagen. Dat de datum van zijn invrijheidstelling (20 april) samenviel met de verjaardag van Adolf Hitler zal deze trouwe nazi een extra triomfantelijk gevoel hebben bezorgd. Tot zijn dood op 30 augustus 1982 (een maand na Oa's overlijden) zou hij in zelfverklaarde onschuld in Düsseldorf wonen.

Naar de Zentralstelle für jüdische Auswanderung aan de Euterpestraat in Amsterdam, waar hij zich na hun vrijlating nog formeel moet komen afmelden, neemt mijn grootvader voor de zekerheid zijn jongste kind mee, de zeer blonde en blauwogige Dolf, die zich de daaropvolgende scène zijn leven lang zou herinneren. Terwijl SS-Hauptsturmführer Ferdinand Hugo Aus der Fünten hoogstpersoonlijk het schedeldak van de jongen met één hand omvat, orakelt hij: 'Rein arisch.'

Ondanks zichzelf zal mijn grootvader instemmend geknikt hebben.

Dezelfde Aus der Fünten wordt in 1989, dankzij een persoonlijke, ongetwijfeld door oprechte barmhartigheid ingegeven beslissing van toenmalig VVD-minister van Justitie Frits Korthals Altes, uit zijn levenslange gevangenschap in de koepelgevangenis van Breda vrijgelaten. Enkele maanden later overlijdt hij in vrijheid in zijn woonplaats Duisburg aan een hersenbloeding. Het briljante Joodse, maar o zo blonde knulletje Dolf met zijn zogenaamd arische schedelvorm was op dat moment in Engeland als *Dean and Principal* van St. George's Hospital in Londen al een eind gevorderd om na zijn dood in 2014 in Engelse medische necrologieën, waar ze dat zo prachtig – met bijna Duitse precisie – kunnen formuleren, herdacht te worden als Sir Adolf William 'Bill' Asscher, BSC LOND (1954) MB BS (1957) MRCS LRCP (1957) MRCP (1959) MD (1963) FRCP (1971) FFPM (1992) DUNIV KINGSTON (1996). Alleen dat Adolf, dat blijft schuren, maar dat konden mijn grootouders in 1931 ook niet voorzien.

Na de bevrijding kon het gezin Asscher van de woning aan het Huygenspark 55 weer naar hun eigen huis in de Brugsestraat terugkeren. Dat had nog de nodige voeten in de aarde, aangezien er eerst een proces gevoerd moest worden tegen de echtgenote of maîtresse van een vertrokken dan wel gesneuvelde Duitse officier, die beweerde dat het huis op haar naam stond. Toen ook dat was opgelost, konden mijn grootouders proberen weer een normaal leven met een nieuwe toekomst in te richten.

Twee jaar later, vanaf het moment dat Oa eenmaal veilig in Engeland zat, waar hij geboren was en waar hij zich thuis voelde, moet hij zich voorgenomen hebben om deze hele Nederlandse oorlogsepisode voorgoed uit zijn systeem te bannen. Diverse van zijn familieleden waren in de vernietigingskampen vermoord, zoals een zuster van zijn vader, Rose, en haar man, de schilder Baruch Lopes de Leão Laguna. Hetzelfde gold voor de zus van mijn oma, Greetje, en haar man Jo. Zelf had Oa zich in de meest vernederende bochten moeten wringen om het vege lijf en dat van zijn gezin te redden. Daartoe had hij nota bene zelfs zijn eigen vader moeten afzweren.

Dat was nu allemaal verleden tijd en de jaren 1940-1945 werden uit de actieve herinnering geschrapt. Alles wat Duits was kon van zijn kant zo niet op ontkenning, dan toch op het meest vergaande sarcasme rekenen. Kende Oa het beroemde woord van Multatuli dat sarcasme 'de hevigste uitdrukking van smart' is? Waarschijnlijk niet, maar het is een citaat dat ik steeds beter begin te begrijpen. In het hele huis in Kew ben ik nooit iets materieels tegengekomen dat aan hun ervaringen in het bezette Holland herinnerde.

Dat laatste is niet helemaal waar, want mijn oma had wel degelijk iets bewaard, dat ze mij een keer in het geniep liet zien. Het was in de zitkamer, toen er niemand anders in de buurt was. Het bleek om twee NSB-speldjes te gaan, die ze uit een doosje tevoorschijn haalde. Ik schrok, want zoveel wist ik er toen al wel van dat ik begreep dat hier iets niet klopte, waarop ze met haar meest onschuldige lachje verklaarde dat dat op een gegeven moment de enige manier was om nog eens met een vriendin in Den Haag naar de bioscoop te kunnen gaan.

Zo grimmig als Oa tegenover de oorlog stond, zo licht en menselijk was de houding van mijn oma. Wie weet had ze me er wel van alles over willen vertellen, ze had er mogelijk zelfs – als dichteres, als columniste – over willen schrijven. Het heeft er alle schijn van dat ze dat niet durfde, niet tegenover Oa en niet tegenover het leven dat ze samen in Engeland hadden opgebouwd, niet tegenover hun huis in Kew, dat 'een paradijs op aarde was' en 'te goed en te mooi voor woorden'.

Daarom is het des te pijnlijker dat er in dit paradijs, in deze prachtige tuin van Eden, al die tijd een slang rondkroop die zijn geheim als een gif in zich meedroeg. Wie er al van wist, ik niet, al had ik door de jaren heen wel losse opmerkingen gehoord waaruit ik mogelijke verhalen had gesponnen. Was een van deze verhalen waar of zat het te ingewikkeld in elkaar om er één waarheid uit te vormen? Na zovele jaren van laten zitten en niet doorvragen is er één iemand die ik het op de vrouw af kan vragen, en dat ga ik binnenkort doen.

19

Vannacht kon ik ineens nergens de was vinden. Waar hangt mijn oma de schone was op? Ik liep rond over de benedenverdieping en probeerde me in gedachten ergens een lijn met wasgoed of een volbehangen wasrek voor te stellen, maar nergens past het logisch. Het buitengangetje naast de keuken zou te smal zijn en ook te klam. Daar schijnt nooit zon. In de tuin is uitgesloten, dat zou zelfs Oma niet willen, om van Oa nog te zwijgen.

Zo, vergeefs rondneuzend door verschillende ruimtes in huis, stuit ik in de keuken, bij binnenkomst links, ineens op een grote witte, rechthoekige vorm die bij een volwassene ongeveer tot het middel reikt. Dit gevaarte heb ik eerder helemaal niet zien staan. Dit moet de wasmachine zijn. Er ligt een kleedje overheen en er staan wellicht wat spulletjes op, voor de gezelligheid. Ik zou niet weten wat dit anders kan zijn dan de wasmachine, of het zou een vrieskist moeten zijn.

Ik heb dit ding nooit in werkende of zelfs maar geopende toestand gezien. Als ik mij afvraag waar je vanaf daar de was naartoe zou brengen, zodra je die uit de machine hebt gehaald, dan niet door de gang het huis in, eerder naar buiten, ergens door het buitengangetje. En ineens daagt het me: de *boiler room*. Dat is een ruimte verderop naar achteren aan de linkerkant in het gangetje, enkele meters voordat je het terras bij de tuin op loopt. Deze boiler room bevindt zich dus achter de servieskast.

Waar het buitengangetje bij de tuin uitkomt, staat aan de rechterzijde van het terras een manshoge, groengeschilderde vierkante tank waar stookolie voor de boiler en de centraleverwarmingsinstallatie in zit. Deze tank zal verbonden zijn met de boiler room die – net als de keuken – via een deur uitkomt op het buitengangetje. Je zou het de machinekamer van het huis kunnen noemen. Zelf heb ik hier nog nooit een voet binnen gezet, zelfs nauwelijks een blik in geworpen. Dit is geen ruimte waar kinderen zomaar mogen komen, maar het is goed denkbaar dat hier voldoende plaats is en dat het er ook droog en warm en schoon genoeg is om de was op te hangen. Ongetwijfeld is dat ook het enige wat Oma Roosje in de boiler room mag doen, want voor het overige moet dit als exclusief werkterrein van Oa gelden.

Het onderhouden en waar nodig repareren van zo'n verwarmingssysteem en een warmwaterinstallatie is een kolfje naar de hand van een werktuigkundig ingenieur. Je kunt moeilijk jarenlang op het Fuel and Light Oils Department van de Shell Petroleum Co. werken, gespecialiseerd zijn op het terrein van heteluchtovens en ook nog octrooien op je naam hebben staan van het 'eenhendelgrijperlierwerk' en een 'verstuivingsbrander voor vloeibare brandstof', terwijl je thuis iemand anders met zijn vingers aan je boiler en je cv-installatie laat zitten.

Dat mijn oma in deze altijd goed verwarmde boiler room haar was te drogen hing, is alles bij elkaar zeer aannemelijk. Merkwaardig dat ik daar niet eerder op gekomen ben. Nu weet ik alleen nog steeds niet waar de wasmand voor de vuile was stond. Niet in de keuken, dat is niet logisch. Boven in de badkamer of in de slaapkamer van mijn grootouders? Een volgende keer dat ik boven ben, zal ik nog eens goed rondkijken.

Als ik een meisje was geweest, had ik dit misschien allemaal beter in de gaten gehad, wie weet had ik dan zelfs mogen helpen met het ophangen of opvouwen van de was. Als jongen sta ik eerder bij Oa in de garage te kijken wanneer hij de motorkap van zijn 3-liter Rover open heeft gezet om iets te repareren, te smeren of bij te vullen. Waar die drie liter op slaat, zou ik overigens niet weten. De combinatie van grommen en zoeven van naar ik begrijp acht cilinders, zodra het gaspedaal wordt ingetrapt, verraadt dat de honderden paardenkrachten waar Oa het weleens over heeft bij elkaar tot een monsterlijk motorvermogen in staat zijn. Het enige is dat drie liter helemaal niet als veel klinkt. Drie liter van wat? Dat is zo ongeveer wat de melkboer elke dag rechts naast de voordeur neerzet. Dit is zo'n domme vraag dat ik hem niet aan Oa durf te stellen.

Als ik in de garage, bij het felle licht van de lamp die van het plafond recht naar beneden schijnt, in de geopende muil van de auto naar het enorme motorblok kijk, snap ik niet hoe Oa, gekleed in een smerige monteursjas, precies weet waar hij wel en niet veilig zijn hand in kan steken, welke klep, welke schroefdop of welk peilstokje hij moet hebben om het gewenste resultaat te bereiken of iets te controleren. Het meest onheilspellend is wanneer Oa de motor laat lopen terwijl de motorkap openstaat. Zelfs kan hij, met één hand ergens in de motor gestoken, de auto laten brullen, terwijl er niemand achter het stuur zit! Ik probeer niet te laten merken dat ik een beetje bang ben, zoals op de eerste rij in het circus, wanneer je nogal dicht bij de dompteur met de tijgers blijkt te zitten. In ieder geval ben ik opgelucht als de enorme motorkap met een knal weer wordt dichtgeslagen. Nu herken ik de auto weer.

In de garage hangen en liggen allemaal dingen die vies mogen worden of die dat van zichzelf al zijn. De grote groene motormaaier met de vergaarbak voor het afgemaaide gras, waarop in gouden letters JERRAM & PEARSON staat, heeft een benzinetankje dat vanuit een jerrycan wordt gevuld en dat er altijd vettig en bruin uitziet. Niet iets om zomaar aan te raken. Lappen waarmee de auto in de was gezet wordt, doeken om de olie van je handen te vegen, een plumeau waarmee de auto na gebruik wordt afgestoft. Hoeden en oude regenjassen, die Oa als bescherming over zijn echte kleren aantrekt wanneer de vruchtbomen moeten worden bespoten. Op de planken tegen de muur buiten de lichtbundel die op de auto schijnt, staan bussen olie, verf, petroleum, terpentine en andere middelen waarmee het huis en alle daarbij behorende apparaten onderhouden, gesmeerd, schoongemaakt, aan de praat gehouden en gerepareerd worden. Ik moet er niet aan denken dat ik hier iets zou omstoten.

In de smalle strook rondom de auto ligt op de betonnen vloer een wirwar van oude en nieuwe vlekken, waar ik niet overheen mag lopen. Deze vlekken zijn pas goed te zien als de Rover niet in zijn garage staat. Dan ziet het eruit als de vlekken die ik een keer van een psycholoog voor mijn neus kreeg, met de vraag om te vertellen wat ik er allemaal in zag. Met al die zwarte en bruine plekken lijkt het hier wel een geblakerde smederij. Alleen het open vuur ontbreekt. Dit is wel het tegenovergestelde van een ruimte waar Oma haar schone was zou willen ophangen. Hier zouden de schone kleren maar naar uitlaatgassen gaan stinken, of zoals Oa die noemt: 'onverwerkte verbrandingsproducten'.

Op de ene plaats waar ik mag staan kijken, draai ik mij op mijn hielen om, zonder mijn voeten ergens anders neer te zetten, en door de geopende deur zet ik een grote stap over de drempel naar buiten, het terras bij de tuin op. Overal is zonlicht, zodat ik ervan moet knipperen met mijn ogen. Heb ik nu toch nog even geslapen?

20

Hij praat een beetje zangerig. Niet melodieus, meer op de wijze van een incantatie, alsof hij iets of iemand staat aan te roepen. Als *fashion statement* of omdat we zo meteen nog naar buiten gaan, naar de daktuinen achter het enorme huis, heeft hij losjes een gebreide grijze sjaal om zijn nek geslagen. Zijn hele air van ongeschoren, gevoelige, kunsthistorische weetal manifesteert zich volmaakt in de woordenstroom die hij zwierig over ons uitstort. Aan vragen doet hij niet; jarenlang heeft hij zich erin verdiept en dat zullen we weten ook. Zou ik het in zijn plaats anders doen? Vermoedelijk niet.

Ik sta in een salon met onlangs ontdekte zeventiende-eeuwse fresco's in de oostelijke vleugel van het achterhuis van het Palazzo Nicolosio Lomellino aan de Via Garibaldi in Genua. Hoewel in die straat aan architectonische pracht en praal en aan museale collecties schilderijen en meubels geen gebrek is, stijgt dit palazzo daar letterlijk en figuurlijk zelfs nog iets boven uit. Om te beginnen is het aan de buitenkant fraaier gedecoreerd dan de overige stadspaleizen die de roem van deze straat vormen, de indeling is gevarieerder en verrassender, met een prachtige binnenplaats en loggia's aan de zijkant, met onverwachte gangen en doorkijkjes in plaats van louter hoge en voorname paleizigheid. En het mooist van al zijn de daktuinen, die vanaf de tweede verdieping in het voorhuis naar achteren lopen en vandaar in opeenvolgende terrassen verder omhoog. Op de hoogste daktuin staat een soort minaret naast een forse palmboom. Dat op deze plaats zo onwaarschijnlijke tweetal kon ik gisteravond vanaf de openbaar toegankelijke binnenplaats van het huis nog juist in de nachtelijke duisternis onderscheiden. Een wonderschoon tafereel, als een oriëntaals droombeeld dat plotseling in de hoogte verscheen.

Na een paar met lezingen gevulde dagen in Genua vertrek ik vanmiddag terug naar Amsterdam, maar nu ik hier vanochtend opnieuw langskom en het Palazzo Lomellino geopend blijkt, laat ik de mogelijkheid van een gegidst bezoek niet aan me voorbijgaan. Eerlijk gezegd zou zonder gids nog prettiger zijn: heerlijk op jezelf door zo'n onafzienbaar palazzo dwalen en in de fraaiste kamers aan de voorzijde naar de beschilderde plafonds zitten kijken of op het terras boven de binnenplaats even op zo'n ragfijn gesmeed tuinstoeltje mijmeren, luisterend naar het geluid van het stromende water in de gebeeldhouwde waterpartij beneden. Maar beter met gids dan helemaal niet.

In een groepje van een zestal toeristen luister ik naar de woordenvloed over de bij recente restauratiewerkzaamheden ontdekte muurschilderingen. Die bleken van de hand te zijn van de zeventiende-eeuwse Haarlemse schilder Pieter Mulier de Jonge, in Italië om zijn vele zeegezichten bijgenaamd ‘Il Cavaliere Tempesta’. Mulier was een getalenteerd kunstenaar die, zoals velen in zijn tijd, het avontuur van het kunstenaarschap in Italië zocht en daarbij ook – als onvermijdelijk cliché van het Zuiden – op stormachtige wijze de liefde ontdekte. Helaas was hij op dat moment al met een ander getrouwd, maar daardoor liet hij zich niet van zijn geluk afhouden.

De gids vertelt het allemaal in zangerig Italiaans, alsof hij de woorden iets boven onze hoofden uit de lucht opleest. Mulier nam geen halve maatregelen om zijn ware liefde te laten zegevieren en gaf opdracht om zijn echtgenote te laten ombrengen. Ofschoon dat inderdaad lukte, kwam het helaas uit, zodat hij in de gevangenis belandde, waar hij slechts dankzij een campagne van invloedrijke Genuese bewonderaars van zijn werk na vijf jaar weer uit vrijkwam.

In de gevangenis, een bovenkamer in de klokkentoren van het Genuese dogepaleis, mocht hij wel schilderen. Daar bleef hij, terwijl zijn ware liefde beneden in de stad op hem wachtte, zijn zeegezichten en zijn landschappen maken, als een schilderkunstige ontsnapping. Gevangene van de doge of *painter in residence*, het verschil was niet eens zo groot, zo suggereert de gids, die zelf natuurlijk meer ervaring in musea dan in gevangenissen heeft.

Als we de fresco’s van de Cavaliere Tempesta eer hebben bewezen lopen we over een binnentrap achter de gids aan naar de eerste daktuin en vervolgens naar het nog hogere gedeelte. Alles is in streng geometrische vormen ontworpen, met smalle gazons, kortgeschoren heggen en het geheel omzoomd door citroen- en sinaasappelbomen, een waarachtige hof van Eden midden in de oude stad. Staand op het hoogste niveau van de daktuinen, naast de minaret, hoor ik een zacht ruisen. De andere toeristen lijken er geen erg in te hebben, en even twijfel ik ook zelf of dit soms de zee kan zijn waarvan ik over de huizen heen in de verte juist nog een strook kan onderscheiden. Of is het de palmboom, waar ik schuin onder sta? Het blijkt het autoverkeer te zijn, dat twee etages lager door een tunnel onder de daktuin door rijdt.

Vanaf de top van de minaret, die geen religieuze functie heeft maar louter een oosters effect aan de daktuin moet toevoegen, ligt de historische stad als een in één panoramisch beeld samengevatte glorie aan je voeten. Stuk voor stuk mogen we van de gids even naar boven, dus meer tijd dan voor een enkele allesomvattende blik rondom is er niet. In de verte, in zuidelijke richting, met daarachter het spiegelende oppervlak van de Ligurische Zee, zie ik op ooghoogte de toren van het dogepaleis. Een kleine vierhonderd jaar en ongeveer evenzovele meters scheiden mij van de Cavaliere Tempesta in zijn cellulaire atelier.

Beneden wacht ons nog, in een voorkamer van de salon met de fresco's, een tot kleine museumzaal gemaakte kamer, met daarin een fors olieverfschilderij en enkele tekeningen van Mulier. De gids zet nu zijn slotaria in, waarvoor hij speciaal nog de nodige adem en inspiratie heeft bewaard. Het ene grote doek in deze kamer blijkt uit Muliers gevangenisperiode te stammen. De gids steekt van wal over mythologische verwijzingen, over leermeesters en over de thema's van het grote doek. Nog voordat hij zijn eerste zangerige zin heeft afgemaakt, ben ik met mijn gedachten al geheel vertrokken, verloren in een starende blik naar dit schilderij.

Het werk lijkt wel uit meerdere schilderijen te bestaan. In alle hoeken en in het midden, boven en onder, zijn deelvoorstellingen gecreëerd, afzonderlijke verhalen die vloeiend in elkaar overgaan. Rechtsboven is een hooggelegen burcht onder een blauwe lucht met witte wolkenslierten. Bij de toegangspoort in een zijmuur zijn twee mensen in gesprek, van wie er eentje in het gras zit. Daaronder stroomt een rivier (of is het een bosmeertje?), waar mensen op de oever aan het vissen zijn, sommigen staand, anderen op de grond zittend. Twee vogels vliegen duikelend boven het water. Heeft de ene een visje in zijn bek? Aan de andere oever van het water ligt een vrouw, met een grote blauwe doek en andere spullen op de grond uitgespreid, leunend tegen een boomstronk haar baby te zogen, terwijl een man liggend in het gras toekijkt, zijn lange wandelstaf naast zich. Links daarachter graast onder de bomen een kudde geiten, de kudde van de liggende herder, die zijn ogen niet van de jonge vrouw kan afhouden. Achter de zogende moeder is in de verte nog een hele processie te zien. Ook al is die met slechts enkele kleine penseelstreken aangeduid, toch laat zich nog een bepakte ezel onderscheiden, een man ernaast die achter een rij schapen aan loopt en een andere figuur die zich in tegenovergestelde richting verwijdert, wellicht na een toevallige ontmoeting, een kort gesprek, zomaar verloren in het landschap.

En dan heb ik het nog niet eens over datgene wat de hoofdvoorstelling van dit in gevangenschap geschilderde doek vormt, namelijk een magnifieke oude boom, die ook weer uit verschillende deelbomen lijkt te bestaan, elk met eigen sferen en lichteffecten. Het stamhout, dat vanuit de enorme wortels ruw omhoog geschilderd is, en dat naarmate de boom hoger komt steeds fijner is uitgewerkt, eindigt aan het uiterste van de takken in bijna filigreinachtige detaillering. Zo domineert deze kolossale boom het hele schilderij en overkoepelt alle verhalen die links, rechts en eronder worden uitgebeeld. Van boven ketst het scherpe zonlicht in zuiver zilver op de buitenste bladerenlaag af, waardoor het zachte groen van de enorme kruin wel van binnenuit verlicht lijkt.

Intussen sta ik een beetje heen en weer te zwaaien op mijn benen en luister ik door het geluid van de immer voortkabbelende Italiaanse woorden heen naar het ruisen van de blaren op dit schilderij. Hoor ik de verre zee of het ondergrondse verkeer? De waarheid is dat ik mijn ogen nu dicht heb en het 'Landschap met figuren' zie dat boven de bank in de zitkamer van Pensford Avenue hangt, met ook zo'n geweldige grote boom in het midden. Ik kijk ernaar alsof ik op een van mijn nachtelijke wandelingen het hele doek met mijn ogen afspeur, terwijl mijn grootvader naast me de mythologische verhalen vertelt die erop te zien zijn. En zomaar ineens hoor ik hem de naam Keirincx uitspreken. Dus hij was het wel degelijk, de maker van het ‘Landschap met figuren’. Keirincx en Van Poelenburgh! Voortaan ben ik zeker van die beide namen, en tevreden stap ik rond door het hoge gras onder de boom.

Van een afstand hoor ik gepraat, al lijken het geen woorden die daar klinken. Boven mij suizelt een zomerse wind door de blarentakken. Het gras prikt tegen mijn kuiten. Heb ik mijn korte broek aan? Niet ver van de oever ga ik even op de grond zitten, om naar de overkant en het uitzicht daarachter te kijken, met de hooggelegen burcht in de verte.

Als ik mijn ogen weer opendoe, kijkt de gids mij bezorgd aan. Er staan vijf toeristen om mij heen en ik zit op een stoel, zo te zien in een zijkamer van de zaal waar we daarnet waren.

‘Sta un po’ meglio, Signore?’ vraagt de gids, en reikt mij een glas water aan.

21

Volgens Oma Roosje is het Oa's meest geslaagde schilderij. Het hangt halverwege de trap, waar die een hoek van 90° naar rechts maakt, tegen de achterwand. Het zit in een eenvoudig, strak metalen lijstje, al gaat het om niet meer dan een oude kwastendoek. Voor zoiets onaanzienlijks is dit een zeer eervolle presentatie.

Het is een idee geweest van mijn oma om deze vlekkerige doek te laten inlijsten en hem op te hangen. Uit liefde of plagerigheid gaat zij het ding af en toe van boven halen om het aan mensen die op bezoek zijn te tonen, en houdt ze vol dat het Oa's beste werk is, terwijl het niets anders laat zien dan een kleurig en verward patroon van kleine en grotere vlekken op een katoenen lap. Een abstract kunstwerk, bestaand uit volstrekt toevallige verfresten! Er is nauwelijks een schilderij te bedenken dat verder afstaat van de zo exacte, technisch geschoolde geest van mijn grootvader. Blijkbaar ziet Oa de grap er zelf wel een beetje van in, anders zou hij zeker niet hebben goedgevonden dat dit non-product van zijn hand in plaats van in de vuilnisbak te verdwijnen ingelijst en wel een plaatsje aan de muur heeft gekregen.

Het verschil met zijn 'echte' werk is groot, zeer groot. De door hem gemaakte schilderijen die elders in huis hangen zijn alle van een uitgemeten precisie en gedetailleerde penseelvoering. Er zijn landschappen, stadsgezichten, stillevens en portretten en ook enkele kopieën naar oude meesters, zoals een moeraslandschap van Théodore Rousseau, dat hij naar een zeskleurenreproductie uit een kunstboek heeft nageschilderd.

Dat kopiëren van historische schilderijen was iets wat ook zijn vader al graag deed. Die deed het zelfs op professioneel niveau. Hij kopieerde bijvoorbeeld in opdracht van Lady Sackville-West een deel van de collectie oude meesters in Knole House in Sevenoaks, Kent, zodat deze adellijke familie zonder gezichtsverlies tegenover bezoekers de originele topstukken stilletjes kon verkopen, terwijl daarvoor in de plaats de door mijn overgrootvader nageschilderde exemplaren werden opgehangen.

De schilderijen van Oa's hand zijn ongetwijfeld minder ambitieus en illuster dan die in de musea en landhuizen die we soms bezoeken, maar in mijn jeugdige ogen zijn het echte schilderijen, zoals die in heuse museumzalen hangen. Neem het gezicht op Dordrecht, met vrachtschepen langs een kade, dat in de studeerkamer hangt. Het water op dat schilderij lijkt echt op water. Andere doeken vormen een zichtbaar overblijfsel van hun Italiaanse vakanties. In dezelfde studeerkamer hangt een gezicht op een eiland of stukje kust in het Noord-Italiaanse merengebied, met cipressen langs een stenen ommuring. Het licht op dat schilderij is een beetje onbestemd, net alsof er geen echte zon schijnt, toch is de voorstelling uitgesproken zuidelijk en aantrekkelijk, met links een zeilbootje dat aan het manoeuvreren is en voorin tegen de onderlijst enkele grote rotsblokken.

In Noord-Italië schilderde Oa ook een kustweg in het plaatsje Feriolo. Rechts strekt het Lago Maggiore zich tot in de verte uit, met vooraan roeibootjes langs een met mopstenen verstevigde walkant die schuin afloopt tot in het water. Links achter de pijnbomen langs de smalle kustweg zijn de aan de kleine haven gelegen huizen van het stadje te zien, voorzien van schuine daken met van die tijdloze terracotta dakpannen. Her en der hangt wasgoed aan de balkons en onder de vensterbanken van de ramen. Er staat een kerk met een klokkentoren die scherp afsteekt tegen de Italiaanse Alpen in de verre achtergrond.

De wijzers van de kerkklok staan op tien minuten voor elf. Aan de oever zitten vrouwen geknield de was te doen. Het water van het meer wordt door de wind in rimpelende golfjes bewogen. Op de kade naast de kustweg kijkt een vrouwenfiguur vanaf een houten bank naar het wassen. Verbeeld ik het me of heeft ze haar handen omgekeerd in haar schoot liggen? Niet ver bij haar vandaan, halverwege de rij bomen langs de waterkant, staat een trotse limousine geparkeerd, als enig teken van de moderne tijd.

Vaak sta ik naar dit schilderij te staren en verplaats mij naar het balkon of de hogergelegen kustweg vanwaar het uitzicht wordt waargenomen. Vanaf daar probeer ik de zachte zomerwind te voelen of de geur van de bomen en de bloemen op te vangen. Links naast de kustweg staat nog zo'n witgeschilderde houten bank, die uitnodigt om er even te gaan zitten en van het uitzicht over het water te genieten. De ochtendzon zou op dit tijdstip eigenlijk al veel feller op het water van het Lago Maggiore en op het kleine stadje moeten schijnen. Misschien is de lucht nevelig of is het nog vroeg in het seizoen. Ik probeer me voor te stellen hoe zo meteen de klokken van de kerktoren zullen klinken. Zal mijn oma opkijken en opstaan van het bankje waarop ze nu zo onbeweeglijk naar de waterlijn zit te kijken, naar de vrouwen uit het dorp die hun wasgoed aan het uitspoelen zijn?

Aan dit schilderij valt goed af te lezen hoe ondenkbaar het is dat Oa ook maar een zier om de ingelijste kwastendoek zal hebben gegeven. Dit kleine gezicht op Feriolo, met mijn oma en met hun auto erop afgebeeld, is onmiskenbaar naar een foto geschilderd: heel precies, zonder enige improvisatie, met een minimum aan spontaniteit en een maximum aan perfectionisme. Zo precies zou ik willen dat al mijn herinneringen zijn.

Op deze manier heeft Oa ook een keer een portret van zijn echtgenote geschilderd dat in zijn studeerkamer hangt. Ze kijkt met een ietwat verzaligde blik schuin naar boven, zichtbaar genietend van een moment in de tuin. Dat menselijke geluksmoment is door mijn grootvader aldus geregistreerd. Bijna achter in de tuin, waar het gazon naar omlaag golft onder appelaars en perenbomen (en waar links achterin bij de compost heap ergens de zilverschat begraven ligt), heeft hij mijn oma opgesteld. Daarna heeft Oa vanaf het terras – een afstand van naar schatting een meter of veertig – met behulp van een telelens een hele serie foto's van haar genomen. De beste uit de serie heeft hij vervolgens op een fors formaat laten afdrukken, en deze foto heeft hij ten slotte zo exact mogelijk nagеschilderd, zodat hij het resultaat in zijn studeerkamer kon ophangen.

Zou zo iemand tevreden zijn over een ingelijste katoenen doek waar hij een tijdlang gedachteloos zijn schilderskwasten aan heeft afgeveegd? Voor prutswerk heeft hij een favoriete uitdrukking, die ik nooit door iemand anders heb horen gebruiken: 'Kleppermanswerk!' Vermoedelijk hangt de kwastendoek niet voor niets halverwege de trap: halverwege erkenning en ontkenning.

Ook zelf heb ik er mijn twijfels over, terwijl ik ernaar sta te kijken. Wil ik eigenlijk wel naar boven toe? Of zal ik op de wekker kijken?

22

Binnenshuis zijn de voorbereidingen al uren aan de gang. Er is gekibbeld over het meest geschikte tijdstip van vertrek en over wat we het beste aan kunnen trekken. Ons haar is nog een keer extra gekamd en Oma Roosje is zichzelf nu voor de spiegel in de hall aan het bepoederen, brengt voor deze speciale gelegenheid wat lipstick aan en zet schuin tegen haar hoofd een hoedje op, dat ze met twee haarspelden vastmaakt.

Buitenshuis wordt ons aanstaande vertrek zichtbaar doordat Oa, als altijd gekleed in pak met vest en stropdas, de Rover naar buiten rijdt. Vanaf het tuinpad sta ik ernaar te kijken. Eerst doet hij de hekken van het garagepad open, ze links en rechts vastzettend op de daartoe in het cement verzonken beugels. Vervolgens opent hij de grote garagedeuren. Als een met acht paarden bespannen rijtuig, een olifant die uit zijn nachthok naar buiten schuifelt, een oceaanstomer die vanuit een zeesluis bijna onmerkbaar in beweging komt nadat de landvasten zijn losgegooid, als een Saturnusraket die voor een maanmissie tergend langzaam naar het lanceerplatform op Cape Canaveral wordt gerold, zo glijdt de donkerblauwe Mark III Rover Coupé met het glimmend witte dak vanuit zijn donkere schuilplaats het garagepad op.

Thuis hebben wij ook een auto, een rode Volkswagen 'Kever', die schokkerig rijdt, veel lawaai maakt en waarin we altijd snel wagenziek worden. Het is een Duitse auto, die in de winter dikwijls aangeduwd moet worden, waarschijnlijk omdat wij geen garage hebben, zodat onderdelen van de motor 's nachts bevriezen. Menigmaal zie ik op een winterochtend vanachter het raam van de woonkamer hoe de achterklep van onze Kever openstaat en er, door de modderige sneeuw stappend, diverse buren aan te pas komen om beurtelings iets in het kleine motorblok te prutsen. Als dat niet werkt, duwen ze het beestje vervolgens met vereende krachten aan, waarna uiteindelijk de motor een keer aanslaat en iedereen met zijn gehandschoende handen opgelucht mijn vader de witte straat uitwuift. Het verschil met de Rover is onoverbrugbaar. Er is eigenlijk geen reden om deze beide voertuigen allebei met het woord 'auto' aan te duiden. Ze rijden allebei op vier wielen, dat is het enige wat ze gemeen hebben. Voor de rest verschillen ze net zo hemelsbreed als Engeland van Nederland (om van Duitsland nog maar te zwijgen).

Waar stappen we altijd in? Niet in de garage, daar is rondom de auto onvoldoende plaats en bovendien is de vloer daar vies. Ook op het garagepad is onvoldoende zijruimte om de autoportieren te openen. Dus ik vermoed dat Oa de Rover tot op de schuin naar de straat aflopende stoep rijdt, zodat wij daar alle drie instappen, terwijl hijzelf eerst de deuren van het koetshuis en daarna de poort van de oprijlaan sluit.

Vervolgens neemt hij als laatste plaats, niet links maar rechts voorin. Uiteraard, al blijft het ook na jaren een onwennig gezicht. Al die tijd liep de motor al, zo zachtjes dat ik het pas merk op het moment dat de handrem eraf gaat en Oa het gaspedaal indrukt. Met een diepe, dierlijke grom zet het gevaarte zich vloeiend in beweging en draait aan de linkerkant de straat op. Diep wegglijdend in de fauteuils van de leren achterbank, in het midden de neergeklapte armleuning die te smal is voor twee concurrerende jongensellebogen, weten wij dat het vandaag een bijzondere dag is: we gaan naar Lensbury.

De Rover, door Oa onlangs nog in de was gezet en met een zachte doek glimmend opgewreven, vervoert ons jaar in, jaar uit op allerlei uitstapjes. Een dagje naar Brighton, waar we niet op het strand maar wel op de boulevard en over de pier lopen, en gebraden kip eten in The Sussex Grill ('Heel smakelijk, maar niet zo lekker als bij Oma,' is de gemeenschappelijke conclusie). Een fijn moment beleef ik wanneer we het restaurant weer uit lopen, waar de letters 'AA' op de deurmat staan. Als Oa me vraagt waar die letters voor staan, geef ik niet alleen het juiste antwoord, maar spreek ik die twee woorden (*Automobile Association*) volgens hem ook nog precies goed uit. *Yes!* Zie je wel dat ik eigenlijk Engels ben?

Een verre expeditie maken we een keer naar Whipsnade Zoo en we bezoeken ook eenmaal het miniatuurstadje Bekonscot, een Engels Madurodam dat eruitziet alsof ik vanuit de hoogte van het vliegtuig op weg naar Londen door het raampje naar beneden kijk. En we rijden naar ooms en tantes, oudooms en oudtantes en een handjevol vrienden, tegen wie bij het afscheid nemen altijd gezegd dient te worden: *Thank you very much for having us.*

Winkelen en uitjes in de City doen we bij voorkeur met de rode dubbeldekker of met de Underground, zoals een tochtje met Oma Roosje naar het warenhuis Barkers op Kensington High Street, dat op de zevende en hoogste verdieping over een grote daktuin beschikt. Dat levert een sprookjesachtige verrassing op, wanneer ik helemaal boven aangekomen de lift uit stap. Zo moet het er in de hemel uitzien.

Of de keer dat ik met Oa naar Madame Tussauds ga, niet zozeer voor de wassen beelden als wel voor het naastgelegen planetarium. Oa kent het heelal alsof het zich onder de motorkap van zijn Rover bevindt en kan alle hemellichamen en hun bewegingen benoemen en uitleggen. Hij kan zelfs vertellen over de komeet van Halley, die hij in 1910 met eigen ogen heeft zien langskomen, en hij is er vast van overtuigd dat hij het volgende bezoek van deze komeet, dat voor 1986 op de kosmische agenda staat, ook weer zal meemaken.

Maar als het uitstapjes buiten de stad betreft, gaan we het liefst met de auto, zeker in het geval van Lensbury, de niet ver van Kew in Teddington aan de Theems gelegen Shell-club waar Oa, na dertig jaar voor deze firma te hebben gewerkt, zich als lid bijna even thuis voelt als thuis. Het komen aanrijden, eerst door een brede toegangspoort en daarna over een geasfalteerde ovale rotonde om een groot bloemperk, voert ons geruisloos langs de hoofdingang, die van een bordes met zuilen is voorzien en een halfrond balkon daarboven. Zo komen we naast het grote hoofdgebouw uit op de parkeerplaats. We zijn ruimschoots te vroeg voor de lunch, en er is alle tijd om eerst nog wat rond te kijken voordat we aan tafel gaan.

'*We've got all the time in the world*,' zegt Oma.

'Of *the world*,' corrigeert Oa.

'*Het is:* in *the world*,' reageert Oma nadrukkelijk.

'OF *THE WORLD*,' herhaalt Oa.

'In *the world* – st-st-st.'

'OF *THE WORLD!*'

Mijn broertje en ik kijken elkaar niet aan en wachten geduldig totdat Oma en Oa zijn uitgestapt en van buiten de autoportieren voor ons hebben geopend.

Lopend door de lange gangen, met parket op de vloer en links en rechts houten lambrisering, nemen we eerst een kijkje bij de tafeltennistafels, al gaan we ons nu zo vlak voor de lunch niet te veel inspannen. We hebben bovendien onze nette kleren aan. In de biljartkamers verderop zijn mannen aan het spelen, dus die storen we niet door al te nadrukkelijk naar hun spel te gaan staan kijken. Er is nog tijd om even naar de sluis te gaan, waar je in tientallen kleine spuien het verval van de rivier kunt zien en horen. Je kunt bij de sluis zelfs tot halverwege de rivier over het water heen lopen, zodat het water vlak onder je door stroomt. Of is het beter om dat na de lunch te doen? We zijn nu zo mooi vroeg en willen op tijd zijn om aan tafel te gaan.

Een andere keer, als we niet voor de lunch komen maar voor een van de vele overige attracties van Lensbury, neemt Oa ons soms mee om te *putten*. Dit is een soort midgetgolf op gras, zoals in Engeland alles bij voorkeur op gras gebeurt. *Putting* is in feite het eindspel van golf, de laatste één, twee of drie slagen waarmee een speler zijn kleine witte balletje vanaf een positie in de buurt van de *hole* op zijn bestemde plekje in de grond moet zien te krijgen. Op Lensbury is daarvoor naast het grote ronde cricketveld een baan aangelegd, zodat golfende leden hun vaardigheden op dit punt kunnen aanscherpen. En zodat Oa het zijn twee kleinzoontjes een beetje kan aanleren.

In Oa's benadering is het een oefening in mechanica. Een onderling evenwicht van richting, druk, wrijving, snelheid, afstand en zwaartekracht. Als je deze factoren in de juiste dosering ten opzichte van elkaar van tevoren goed overdenkt, kan het bijna niet anders of je weet het balletje in één, hoogstens twee slagen in zijn holletje te krijgen. Het feit dat hij bij het putten zijn bril opheeft, met de bijbehorende opzetzonnebril opengeklapt, geeft zijn inzet iets technisch, alsof hij een machine aan het bedienen is, in plaats van een golfclub. Zijn hele aandacht is erop gericht om het gewenste resultaat af te dwingen en zo weinig mogelijk ruimte te laten voor verrassing of toeval.

Wat we bij andere gelegenheden ook graag doen is kijken naar het cricket. Het lijkt een beetje op een dans, alleen met uitsluitend mannen en zonder muziek. En in slow motion. Toch kan het langzaam heen en weer gaan van de harde rode bal zonder enige waarschuwing overgaan in een grote dynamiek die het hele veld vol witte mannen in haar greep krijgt. Van een afstand gezien heeft het ronde cricketveld ook wel iets van een planetarium, met de bewegende spelers als de omwenteling der planeten en de bal als het af en toe langsschieten van een komeet. Soms klinken onaangekondigd kreten van opwinding uit het veld, maar als de scheidsrechter een teken geeft of een enkel toverwoord spreekt, zwijgen alle spelers en wentelt het spel uit zichzelf een ronde verder.

Net als op de puttingbaan mogen we ook rondom het cricketveld vrijelijk over het gras lopen. Elders op Lensbury is dat streng verboden, een verbod dat heel beschaafd gehandhaafd wordt met bordjes voorzien van de tekst: *Please do not walk on the grass*. Volgens mij zou Oa dergelijke bordjes het liefst ook in zijn eigen tuin plaatsen, om te voorkomen dat vrouwen het gazon met hun naaldhakken beschadigen of dat iemand zomaar een tuinstoel in het gras zet of de messcherp afgestoken randen van zijn bloemperken kapotloopt. Een beleefd bordje: *Dogs should be kept on a leash*, zorgt ervoor dat Lensbury inderdaad geheel vrij is van loslopende honden. In Engeland geldt: als je iets opschrijft, dan gebeurt het ook.

Vandaag zijn we naar Lensbury gekomen voor de lunch, en dan komt het – nog meer dan anders – aan op wat genoemd wordt: *Lensbury behaviour*. Dat betekent: je netjes gedragen, maar extra. Het voelt als een erekwestie om die test zo goed mogelijk te doorstaan. Dat is altijd wel redelijk gelukt, op één verschrikkelijke mislukking na.

Oa neemt ons op een keer mee naar Lensbury, met z'n drieën in de Rover. Hoewel Oma niet mee is, zitten mijn broertje en ik gewoon met z'n tweeën achterin, net als anders. We gaan naar de speeltuin, achter de parkeerplaats links van de ingang met de ovale rotonde. Oa heeft in de club ook iets anders te doen, en bij de speeltuin prent hij ons even de volgende afspraak in: 'Je mag overal spelen, maar niet op de glijbaan, want dan ruïneer je je kleren. Afgesproken?'

Bij dat laatste woord gaan zijn borstelige wenkbrauwen zodanig vervaarlijk omhoog dat wij niet anders kunnen dan ja knikken. Oa zal ons over een halfuurtje weer komen ophalen.

Tja, God zei tegen Adam en Eva: jullie mogen overal spelen, maar blijf weg van de glijbaan, terwijl van alle toestellen juist die glijbaan ons van een afstandje in het gras verleidelijk toesist: 'Kom, kom, fijn glijen!'

Kort en goed, al na vijf minuten zijn wij beurtelings om het hardst naar beneden aan het roetsjen. Met onze kleren is helemaal niets aan de hand, en wij denken dat Oa nog zeker vijfentwintig minuten weg zal blijven, als er opeens een scherpe kreet klinkt. Daar staat hij, zijn gezicht als een donderwolk: 'Ogenblikkelijk meekomen! Wát had ik gezegd?!'

De Rover blijkt van een magnifieke vriendelijke feestauto veranderd in een meedogenloze arrestantenwagen, waarmee we in ijzig stilzwijgen terug naar huis rijden. De rit lijkt wel eindeloos te duren. We hebben het volkomen verprutst. Zo boos heb ik Oa nog nooit gezien.

We zijn Pensford Avenue al in gereden, als Oa de Rover aan de linkerkant van de weg plotseling stilzet en zich naar ons omdraait. Wij deinzen terug in de leren achterbank, vrezend voor een enorme draai om onze oren, maar Oa wil slechts een spijtbetuiging van ons beiden, die wij op simperige toon uitspreken.

'Goed,' zegt Oa, 'dat is dan alsnog afgesproken, dan gaan we nu weer naar de speeltuin.' Vervolgens rijden we het hele eind – zonder dat er een woord gesproken wordt – weer terug naar Lensbury en mogen we nog vijftien minuten onze gang gaan in de speeltuin, onder het toeziend oog van Oa. Er is helemaal niks meer aan en ik schaam me diep. Het komt allemaal door die rotglijbaan.

Deze eenmalige donkere herinnering is gelukkig totaal niet in mijn gedachten op het moment dat we nu gevieren het grote restaurant van de club binnenkomen. We blijken toch nog de eersten te zijn en mogen alvast aan de keurig gedekte tafel gaan zitten. Even later is er groentesoep vooraf, daarna plakjes vlees met een saus die naar pepermunt smaakt en hele groene doperwten. Voor wie wil is er pudding of ijs toe. Het is allemaal heel lekker, maar in Lensbury is het niet nodig om hardop uit te spreken dat het *bei Mutti zuhause* altijd net iets lekkerder is.

Het restaurant is nu helemaal gevuld met clubleden, die in het enorme gebouw logeren of er aan Shell-bijeenkomsten deelnemen. Op de hogergelegen verdiepingen heb ik nooit een voet gezet, al suggereert het grote trappenhuis bij de hoofdingang dat zich daar nog hele bovenwerelden bevinden. In het restaurant zijn verder geen kinderen en ook nauwelijks vrouwen, behalve een paar in de bediening.

Lensbury is huiselijk en tegelijk een beetje plechtig, een hotelachtig buitenpaleis met een omringend park aan de Theems. Er gelden strikte regels en alleen leden mogen er naar binnen. Maar wie eenmaal binnen is, mag helemaal zijn eigen zin doen. En je kunt je er eindeloos vermaken met spelletjes en sport en het wemelt van het personeel om je te bedienen, aan tafel of in de *smoking room*, waar we na de lunch doorheen lopen. Daar zitten mannen in pakken achterovergeleund in bruine leren fauteuils grote sigaren te roken en uitvoerig met elkaar te praten. Oa groet hier en daar uit de verte iemand, maar wij zijn op weg naar de frisse lucht en naar de auto die ons met zijn zachte kracht weer terug zal rijden naar Pensford Avenue.

Na een soezelig ritje staan we even later bij het tuinhek te kijken hoe Oa met uitgemeten precisie de auto geluidloos achteruit tussen de geopende hekken door het garagepad op rijdt en met een paar centimeter rechts en een paar centimeter links de garage weer in. Niet 'centimeter', *inch* moet ik natuurlijk zeggen, maar dat zit helaas niet in mijn systeem, hoe graag ik ook zou willen dat het anders was. Tot slot van de hele expeditie veegt Oa met de plumeau het stof van de autolak, daarna sluit hij de garagedeuren. Gelukkig regende het vandaag niet, want Oa heeft er een hekel aan als zijn Rover nat wordt. Dan zet hij de auto onder een boom, om te schuilen. Maar nooit onder een lindeboom, want daar vallen gemene spetjes uit die de lak kunnen beschadigen. Wanneer we in de kleine Mini Cooper van tante Judith rijden, hebben we van dat soort gevoeligheden geen enkele last, die roetsjt gewoon elegant overal tussendoor.

Heel even doe ik mijn ogen open. Alweer jaren geleden, na het overlijden van haar man, is mijn dierbare tante Judith vanuit Londen terugverhuisd naar Nederland. Met haar heb ik over een week afgesproken en dan zal ik haar vragen hoe het zit met het vertrek van Oa en Oma Roosje na de oorlog naar Engeland. Als op deze vraag een eenduidig antwoord te geven is, zal ze daar zeker niet omheen draaien, zo schat ik in. En als zij het niet weet, zal ook ik het moeten laten rusten, want zij is de enige uit het gezin van mijn grootouders die nog in leven is en die het mij zou kunnen vertellen.

Het is bijna halfzes. Het is wel weer mooi geweest.

23

Als puber heb ik een aantal jaren lang geen zin gehad om gefotografeerd te worden. Dat was een beetje kinderachtig, een soort protesthouding, misschien vooral bedoeld om de macht over de situatie naar me toe te trekken. Dat denk ik tenminste achteraf, want verlegenheid of bescheidenheid zal het toch niet geweest zijn.

Wie zich aan een fotosessie onttrekt, staat meteen in het middelpunt van de aandacht: 'Hè, toe.'

'Doe nou niet zo flauw.'

'Het is juist zo leuk dat we nu met z'n allen bij elkaar zijn.'

'Kom, eentje maar.'

Ik vrees dat hier een genetisch bepaald karaktertrekje meespeelt, want Oa had ook zo zijn manier om fotosessies te bederven, door bijvoorbeeld op het moment dat de fotograaf afdrukt een gekke bek te trekken, waardoor in feite iedereen op de foto belachelijk wordt, zoals een clown die tussen het publiek gaat zitten een hele kring van mensen om zich heen voor gek zet. En dat terwijl Oa zelf juist zo'n fanatiek fotograaf en filmer was, die altijd als een tirannieke regisseur iedereen liep te commanderen dat hij of zij op een bepaalde manier moest komen aanlopen, hoe de aanwezige kinderen ten behoeve van de film enthousiast in hun handen moesten klappen of dat een jarig kleinkind het zojuist gekregen cadeau nog een keer zo verheugd mogelijk voor de camera omhoog moest houden. Een erfelijk talent voor lastigheid zullen we het maar noemen.

Mijn vader had een grondige hekel aan die regisserende dwingelandij van zijn vader en heeft na diens dood een hele stapel filmblikken van mijn grootvader in de vuilnisbak gegooid. Weg, de opnames van dagjes aan het Scheveningse strand in de jaren '30, de Zwitserse, Franse en Italiaanse vakanties in opeenvolgende auto's en altijd met mijn oma prominent poserend in beeld: in een mediterrane tuin, ruikend aan een rozenstruik, staand voor een uitzicht over zee of zwaaiend vanuit een hotelkamer aan de boulevard in Nice. Wanneer het in Kew buiten regende en we niks konden ondernemen, werden die oude films soms urenlang door Oa in de huiskamer voor mijn broertje en mij op een scherm vertoond, met de gordijnen dicht. Eindeloze beelden van stromende bergbeken, watervallen, hotelzwembaden, met op de achtergrond bergtoppen en palmen, zonsondergangen, omhoogslingerende wegen of juist valleien in de diepte. En altijd, zo enigszins mogelijk, ook even de auto in beeld. Het zal een universele tegenstelling in het klein zijn: de oudere generatie wil vastleggen en de jongere wil weg- en omverwerpen. En de daaropvolgende generatie – ik dus – zou het graag allemaal bewaard hebben willen zien.

Op een gegeven moment was mijn vader zelf toegetreden tot de vastlegleeftijd. Voor de viering van de gouden bruiloft van mijn grootouders was bedacht dat er een feestelijk fotoalbum gemaakt zou worden. De bedoeling was dat elk van de drie kinderen foto's zou laten maken van zichzelf met partner en met hun kinderen en dat dat bij elkaar een prachtig en onvergetelijk familiealbum zou opleveren. In mijn herinnering had mijn vader daartoe zonder overleg met mij om 8.30 uur 's ochtends (het kan ook 9.00 uur geweest zijn, in elk geval in mijn toenmalige ogen zeer vroeg) voor een fotosessie gereserveerd bij een Amsterdams fotografisch atelier, terwijl ik daarvoor ook nog uit Leiden moest komen. Dat was niet erg comfortabel, zeker niet voor iemand die er sowieso al geen zin in had, en tot overmaat van ramp had ik de vorige avond een studentenfeest waarop het nogal laat werd. Kortom, zonder veel van mijn bed gezien te hebben, met piekharen alsof ik ergens in de heg had geslapen en met diepe wallen onder een lodderige oogopslag sta ik in dat als feestelijk cadeau bedoelde jubileumboek.

Kinderachtig was dat zeker, want ik had me best even kunnen fatsoeneren. Het is nogal duidelijk dat ik daarmee vooral mezelf dupeerde, want ik ben het die in dat album voor gek staat, als het tenminste nog ergens bestaat. Zo gaat dat in de wisselwerking tussen gezag en protest. Als het even kon onttrok ik me aan dergelijke fotosessies, zeker als het om 'leuk voor later-projecten' ging. Het gevolg daarvan is helaas dat er hele perioden van mijn leven zijn waar geen foto's van bestaan. En nu ik die kinderachtigheid te boven ben, denk ik: wat zou het – al die jaren later – niet aardig zijn geweest om wat foto's van vroeger te hebben, van school, van mijn studietijd, van mijn toenmalige vrienden en – niet te vergeten – van een paar vriendinnen. Foto's, meer foto's, veel meer foto's. En bovenal graag een heel album vol opnames van de jaarlijkse zomervakanties in Kew.

Als dat nu nog mogelijk zou zijn wist ik wel hoe ik het zou aanpakken, hoe ik met een eigen fotocamera om te beginnen het hele huis in kaart zou brengen, zodat ik ook alle plekken waarvan ik nu op mijn nachtwandelingen slechts met moeite iets kan onderscheiden, alsnog scherp in beeld krijg. Kleur of zwart-wit maakt me niet uit, in mijn nachtelijke herinnering zie ik het huis hoe dan ook meestal in een soort gedempt licht, zodat de meubels, de muren, de schilderijen een combinatie vormen van pastelkleuren en grijstinten.

Dergelijke foto's zouden een zekere omlijndheid, een vastheid geven aan mijn herinneringsbeelden, die ik nu noodgedwongen steeds opnieuw eigenhandig uit mijn geheugen moet vormen. Daarbij heb ik het vervelende gevoel dat de concreetheid, de soliditeit van mijn visuele herinneringen langzaam slijt. Op een gegeven moment kijk ik in gedachten alleen nog naar het mentale idee van een bepaald schilderij of gezicht of meubelstuk, en heb ik niet meer een oorspronkelijk oproepbare voorstelling voor mijn geestesoog. In plaats van mij de werkelijkheid te herinneren, herinner ik mij mijn eerdere herinneringen. Ter compensatie van die geleidelijke vervaging zou een rijkgevuld fotoalbum een zegen zijn.

In dat album zouden foto's hebben kunnen zitten waarop te zien is hoe mijn broertje en ik in het huis op Pensford Avenue rondlopen, hoe we er spelen, hoe we in de tuin met iets bezig zijn, en ook hoe we voor de dagelijkse boodschappen met Oma door de luttele straten van Kew wandelen en hoe we met haar of met Oa alle favoriete plaatsen in de Gardens aandoen: bij de grote Victoria Gate, die de hoofdingang van het park vormt, puffend in het grote Palm House, even ergens op een houten parkbankje uitrustend, poserend voor de boeddhistische tempel, staand tussen de zuilen van het ronde nep-Griekse tempeltje van Aeolus en ten slotte weer komen aanwandelen door 'onze' eigen straat. In mijn hoofd flitsen deze opnamen zo tevoorschijn, ze hoeven enkel nog afgedrukt te worden. Maar hoe?

En de auto, Oa's Rover, wat zou ik daar niet graag een leuke foto van hebben, liefst eentje met ons vieren erin. Film is niet nodig, stilstaand beeld is voldoende. Ik breng het tafereel zelf wel in beweging. Terwijl we wegrijden, kan ik onszelf bij wijze van spreken zo voor mijn ogen uitzwaaien. In elk geval zou ik dan zekerheid hebben over het nummerbord. Soms denk ik 's nachts het me correct te herinneren (PPDIE?), en 's ochtends begin ik weer te twijfelen.

Een foto van de eettafel in de keuken, waar we met z'n vieren aan zitten. Lachend kijken we naar de camera. Oa grijnst zijn mond scheef en trekt zijn ene wenkbrauw hoog op. De fotograaf bevindt zich ergens ter hoogte van de wasmachine, waarvan ik nu weet waar die staat. Op de achtergrond van de opname kijk je door het raam naar de tuin, met de Reine Victoria-pruimenboom en rechts nog een stukje van de groene olietank en de schutting waarachter de tuin van de buren ligt. Rechts aan de muur hangt het stilleven van Oa met de aardappelen en de radijzen, en er staat van allerlei smakelijks klaar op de grote ronde tafel. Je kunt precies zien wat we gaan eten.

Helaas, zo'n foto bestaat niet, en hij zal er ook nooit meer komen.

Dat album zou ook foto's moeten bevatten, en die wel liefst in kleur, van alle, echt alle schilderijen, tekeningen en prenten die in het hele huis aan de muur hangen, en eentje van Oa's ingelijste kwastendoek, waarvan ik trouwens ook niet weet waar die gebleven is. En graag op een beetje behoorlijk formaat, zodat je ze allemaal goed kunt bestuderen. Als bijschriften zou ik niet alleen de naam van de maker, het formaat, de eventuele titel, het materiaal en het jaartal noteren, ik zou ook een locatienummering bedenken, zodat je voortaan van elk werk moeiteloos kunt herleiden waar het in huis hing: Kamer 1, positie VII. Kamer 6, positie XI, enzovoort. In theorie zou ik aldus, op basis van een goede, op schaal gemaakte plattegrond van iedere kamer, een tentoonstelling van perfecte replica's kunnen inrichten, waarbij elke zaal qua formaat en indeling met een kamer in het huis op 34 Pensford Avenue correspondeert.

Een dergelijk museum zou aan de buitenkant helemaal niet op het echte huis hoeven lijken, als de museale ervaring in het interieur van kamer tot kamer maar zo goed mogelijk tot haar recht komt. Ik ben in mijn leven in heel wat vroegere woonhuizen van schrijvers, schilders en componisten geweest, en het is een geweldige sensatie om zo dicht bij iemands alledaagse, huiselijke geest te kunnen verkeren. Niet dat je daarmee in de buurt van het geheim van zijn of haar creatieve talenten komt; toch wordt het schrijverschap of kunstenaarschap van de illustere bewoner wel persoonlijker, op een bepaalde manier intiemer voor je. Zo zou ik dankzij een museale opstelling ook dichter bij de persoonlijke ervaring van mijn eigen jeugdherinneringen kunnen komen. Een '(auto)biografische sensatie', naar analogie van Huizinga's 'historische sensatie'.

Aan de hand van dat zo exact en compleet mogelijk vervaardigde fotoalbum zou ik om te beginnen de wanden van die museumzalen kunnen inrichten. Later zouden eventueel replica's van de meubels kunnen volgen, eveneens op basis van precieze fotografische vastleggingen en dito beschrijvingen. Dat gebouw, dat er vanbuiten totaal anders uitziet, maar waarvan de museumzalen een een-op-eenkopie vormen van de kamers in Kew, zou heel goed op een andere plaats kunnen staan dan in Londen, eventueel zelfs in Nederland. Jammer van de tuin, dat project moet iemand anders maar voor zijn rekening nemen. Het zou een soort virtualrealityproject zijn, niet met behulp van een VR-bril, maar in de vorm van een perfect uitgedacht nabouwsel. In dat denkbeeldige museum zou ik rondleidingen kunnen geven. En mocht er helemaal nooit iemand komen kijken, geen nood, dan speel ik in mijn eentje gewoon een dubbelrol: zowel die van bezoeker als die van suppoost. Net als nu, zoals ik mijzelf liggend in mijn bed 's nachts in gedachten rondleid.

24

Boven aan de trap is links de slaapkamer van Oa en Oma Roosje, waar ik slechts een hoogst enkele keer binnen ben geweest. Ze lagen toen niet in bed. Als ik ze me daarin probeer voor te stellen, denk ik aan liggende beelden van koningsparen in Portugese kathedralen of van edellieden op de binnenplaats van Franse kastelen: naast elkaar op hun rug, elk op een eigen eeuwige rustplaats. Zoals ikzelf nu ook in bed lig. Gisternacht – of was het eergisteren? – was ik halverwege de trap blijven steken en toen opgestaan, al bleek het nog pas kwart voor vijf te zijn.

Hun slaapkamer ligt pal boven de woonkamer, met in de buitenmuur tegenover de deur een dubbel raam met bovenlicht dat uitkijkt op de achtertuin, en met links een schoorsteen, waar geen haard of kachel meer in zit. Boven de nu lege haard hangt een spiegel. Op de schoorsteenmantel staat een vergulde pendule, met een al even goudkleurig beeld erop van Jacoba van Beieren op valkenjacht. De valk is door de klokkenmaker op een kunstige manier uitgebeeld, namelijk zo dat hij wel een beetje vliegt, terwijl hij tegelijkertijd nog net vastzit aan de gehandschoende hand van de gravin te paard. Om de hoek van de deur, die links naar binnen opendraait, staat een antieke houten linnenkast met grote laden onderin, waar ongetwijfeld kleren in zitten en wellicht ook beddengoed of badhanddoeken.

In de verre linkerhoek van de kamer, rechts naast de schoorsteen, staat Oma's kaptafel. Het is een uit drie luiken bestaand meubel, voorzien van evenzovele spiegels, met een laag stoeltje ervoor. Op de kaptafel liggen al haar damestovermiddelen, rondom een Japanse lakdoos waar een klein sleuteltje in steekt. Wat er rechts naast het raam staat, kan ik niet goed zien, en ook van de nachtkastjes links en rechts van de bedden heb ik slechts een vermoeden. En het allerstomste is: ik zie niet wat er boven het hoofdeinde van hun bed aan de muur hangt. Dat moet haast wel een schilderij zijn, en een goed schilderij ook. Op deze plaats zouden ze nooit zomaar iets ophangen. Of hing er met opzet juist niets? Weer schiet hier mijn nachtelijke blik tekort, hoe vaak ik ook vanaf de gang door de soms openstaande deur naar binnen kijk.

Kon ik in die kamer nog één keer rondlopen, dan zou ik alles zoveel beter in me opnemen. Dan zou ik ruiken aan alle parfummetjes en aan de haarborstel op de kaptafel en zou ik mij onder het bed of in de linnenkast verstoppen om te horen waar Oma Roosje en Oa over spreken, wanneer zij voor het slapengaan elk in hun eigen bed nog even naast elkaar liggen te praten. Wat zij over hun kinderen zouden zeggen, over hun eigen ouders, over de oorlog en niet te vergeten over ons, de kleinkinderen. Zouden zij het samen weleens over Westerbork hebben? Of is dat, ook als er niemand bij is, tussen hen een niet meer bestaand onderwerp? En gebeurde er verder nog wat in dat dubbele huwelijksbed? Toen ik ter wereld kwam, was Oa eenenzestig jaar en zijn echtgenote zevenenvijftig. Met de beste onwil van de wereld heb ik er geen voorstelling van.

Recht tegenover de grootouderlijke slaapkamer, aan de voorkant van het huis, liggen nog twee kamers, met hun toegangsdeuren naar de gang in een hoek van negentig graden ten opzichte van elkaar. Als eerste is er rechts de kleine logeerkamer met daarin een eenpersoonsbed. De vaste kast vlak om de hoek van de deur, die naar rechts opengaat, zit vol speelgoed en stapels kinderboeken. Tegen de linkermuur staat een kleine tafel met een stoel erbij. Het raam kijkt van boven de voordeur over de straat uit. Links naast het raam, boven een hoge verwarmingsradiator, hangt een aquarel van een molen aan een dijk met een sloot ernaartoe van de hand van J.H. Weissenbruch.

Vroeger was dit de kamer van oom Dolf. Hij was ten tijde van de verhuizing naar Engeland net zestien geworden. Anders dan tante Judith, die na haar huwelijk in Antwerpen was gaan wonen, en mijn vader, die in Leiden studeerde, onderbroken door vier jaar militaire dienstplicht – eerst in Nederland, daarna in Indië –, werd Dolf een echte Engelsman. Had mijn vader daar ook voor kunnen kiezen, en was ik dan als Engelse jongen ter wereld gekomen of was 'ik' er in dat geval nooit geweest? Onmogelijke kinderspeculaties.

Het was dus in deze kamer dat Dolf om te beginnen het Engelse woordenboek uit zijn hoofd zat te leren, teneinde zich eerst op de universiteit, vervolgens als dienstplichtig militair in het Engelse leger en later in een lange loopbaan als arts, medisch wetenschapper en ziekenhuisbestuurder te kunnen handhaven. Nu is het de kleine logeerkamer waar mijn broertje altijd slaapt als we met z'n tweeën in Kew zijn.

Achter de linker van de twee deuren naar de gang, gezien vanuit de slaapkamer van mijn grootouders, ligt de kamer van Oma Roosje. Net als de studeerkamer van Oa, die er precies onder ligt, heeft deze kamer een erker aan de voorkant en kijkt hij op straat uit. Ook hier zijn de glasgordijnen altijd dicht, behalve wanneer mijn oma ze rechts in de erker een stukje openschuift omdat ze naar iemand staat uit te kijken die ze verwacht of om iemand die langs is geweest nog een eindweegs te kunnen uitzwaaien.

Deze kamer is vrij leeg en veruit het belangrijkste erin is het schrijfbureau met een stoel. Verder zijn er geen meubels, wel staan er rondom tot borsthoogte houten boekenkasten tegen de muren. In sommige van die kasten zitten ook hier deuren met glazen ruitjes voor de planken. Op de grond ligt een groot Perzisch kleed over het groene ondertapijt. Boven de boekenkasten hangen kleine schilderijen en ingelijste tekeningen. Aan de muur links, recht tegenover de erker, hangt een portret van mijn grootvader als jongen van een jaar of twaalf, geschilderd door zijn vader.

Op het bureau van mijn oma ligt haar dikke groene vulpen naast een glazen inktpot. Er zijn allerlei schriftjes en het dagboek dat zij sinds hun verhuizing naar Engeland in 1947 – soms trouw, soms minder trouw – bijhoudt. Ergens in deze kamer bewaart ze ook de knipselboeken met haar Nederlandse krantenstukjes, columns, gedichten en kinderversjes van voor de oorlog en een stapel 78 toerenplaten van haar radiolezingen voor de AVRO, meestal over opvoedkundige, maatschappelijke en levenskunstige onderwerpen, zoals *Het eenige kind*, causerieën 'voor zieken en thuiszittenden' of een voordracht over het belang van openbaar onderwijs.

Haar literaire trots is nog altijd de poëziebundel *De top*, die ze in maart 1940 bij uitgeverij C.A.J. van Dishoeck in Bussum publiceerde. De daarin opgenomen lichte, levenswijze gedichten werden spoedig door de geschiedenis weggevaagd. Toch zijn er versregels die nog altijd af en toe opduiken in bloemlezingen of boven rouwadvertenties in de krant, zoals het gedicht dat begint met de regels: 'Ze zijn ons maar geleend / de vele mooie dingen.'

Is er iets in deze kamer wat herinnert aan de oudste van Oma Roosjes drie jongere broers? In elk geval is er een boek, op de Franse titelpagina voorzien van zijn naam in handgeschreven gotische letters: 'J. van der Molen'. Het gaat om het *Nederlandsch-Latijnsch woordenboek* van Dr. J. Mehler. Sinds lang staat dit woordenboek bij mij in de kast. Als gymnasiast kreeg ik het een keer van mijn oma cadeau, al vertelde ze het verhaal over haar broer er niet bij. Wilde ze mij er niet mee belasten of had ze het zelf onverdeeld nodig om haar vooroorlogse herinneringswereld intact te houden?

Deze Isaac (Jacques) was volgens de overlijdensadvertentie die ik later in een knipselmap vond, op 30 december 1921 'door een noodlottig ongeval omgekomen'. Onder de rouwannonce staan de beide ouders vermeld en de vier overige kinderen. Mijn grootmoeder staat in het rijtje als 'Roosje en Verloofde.' Volgens het officiële verhaal was de medicijnenstudent Jacques van der Molen die dertigste december in zijn jongenskamer op de zolderdieping van hun ouderlijk huis, aan de Van Woustraat 138-I in Amsterdam, bezig met een chemische proef. Daarbij had zich een brandje voorgedaan, waarbij hij het leven had gelaten. Mijn vader zei vroeger dat hij het een onwaarschijnlijk verhaal vond. Zelfmoord, zo luidde zijn diagnose-op-afstand. Ik had er bij Oma Roosje navraag naar kunnen doen, maar ik had geen idee wat daarvoor het goede moment en de goede manier zou zijn, en zo kwam het er niet van. Nu vind ik tussen haar nagelaten papieren een programmaboekje van de Hollandsche Schouwburg, voor een door Eduard Verkade geregisseerde voorstelling van Charles Rann Kennedy's *De dienstknecht in het huis*. Daarop tekende mijn oma in haar forse handschrift aan: 'Met Jacques en Will onze laatste avond met z'n drieën', en daarboven: *That night he took his own life*.

Daar is alsnog het antwoord op mijn niet-gestelde vraag.

In elk geval is Oma Roosje in deze kamer helemaal met zichzelf en in zichzelf, omringd door haar vooroorlogse lievelingsauteurs: J.C. Bloem, Hélène Swarth, P.C. Boutens, Ina Boudier-Bakker, Nico van

Suchtelen, Karel van de Woestijne. Dat zijn de schrijvers en dichters die zij in Engeland is blijven herlezen en vereren. Ook Louis Couperus is een held gebleven, sinds het magische moment waarover ze mij menigmaal heeft verteld. Het moment waarop mijn oma de schrijver wandelend in Den Haag tegenkwam en zo brutaal was hem aan te spreken om hem te vragen hoe het in 's hemelsnaam met de haar zo dierbare Eline Vere zou aflopen, over wie ze het wekelijkse feuilleton in *Het Vaderland* met zoveel gretigheid las. Dat deze feuilletons al in 1888 waren verschenen, lang voordat mijn oma werd geboren, doet er niet toe. Het gaat om de zuivere bewondering van een toegewijde lezeres, voor wie haar meest innige leesherinneringen belangrijker zijn dan de kille werkelijkheid van jaartallen die het onmogelijk maken dat zij de schrijver ooit over het lopende feuilleton van Eline Vere heeft aangesproken.

Door de afstand, geografisch en in taal, zijn deze schrijvers haar in Engeland des te dierbaarder geworden. Daarnaast heeft ze haar persoonlijke cultboeken, die ze bij toerbeurt vele malen herleest en waar ze met een zo diepe en enigszins dweperige aanhankelijkheid over vertelt dat het me zou verbazen als ze er op die manier ooit iemand echt toe bekeerd zal hebben. *The Thorn Birds* van Colleen McCullough, bijvoorbeeld, en *Les Enfants Terribles* van Jean Cocteau. Eenkennig in haar leesvoorkeuren is ze in elk geval niet.

Een speciale favoriet van mijn oma is de Chinese schrijver Lin Yutang, wiens levensfilosofische boeken bijna heilig voor haar zijn: *The Importance of Under-*

standing, *The Pleasures of a Nonconformist*, *A Leaf in the Storm* enzovoort. Ze heeft er een hele rij van staan, elk voorzien van talloze potloodstreepjes. Mij zijn ze allemaal te weinig concreet en een beetje te simpel, deze Chinese wijsheden: *There is so much to love and to admire in this life that it is an act of ingratitude not to be happy and content in this existence*, aldus Lin Yutang. Ik kan duidelijk zien waar Oma Roosje haar levenskunst vandaan heeft, maar eerlijk gezegd vind ik het meest aantrekkelijk de zachte geur van 34 Pensford Avenue die nog altijd uit de pagina's opstijgt wanneer ik een van deze boeken bij mij uit de kast trek en op een willekeurige plaats opensla.

Ooit is het mij gelukt om aan haar categorie van eeuwig herlezen topfavorieten één boek toe te voegen, door haar de kleine roman *Reunion* van Fred Uhlman cadeau te doen, een juweel van een autobiografisch geïnspireerd verhaal over een schoolvriendschap in Duitsland in de jaren '30 tussen een adellijke en een Joodse jongen. Prompt ging ze mij bij een eerstvolgende gelegenheid uit alle macht voor datzelfde boek proberen te enthousiasmeren, dat ze intussen vele malen gelezen had, iets wat ik uit pure liefde geheel over mij heen liet komen.

Midden in dit goedaardige krachtenveld van haar lievelingsboeken zit Oma Roosje hier, werkend aan haar gedichten voor het kerkblad van de Dutch Reformed Church aan Austin Friars in Londen, notities makend in haar dagboek en brieven schrijvend naar Holland. Tussen alle bakjes met paperclips en potloden, haar inktvloei en een doosje met postzegels staat op haar bureau een miniatuurversie van het Atomium op een vierkante marmeren voet.

Wanneer ik vele jaren later dat Atomium in Brussel voor het eerst in het echt zie, net zo zilverglimmend als de replica op mijn oma's bureau, blijkt het ding in werkelijkheid veel en veel groter dan ik mij had voorgesteld. Terwijl ik daar in de auto rondrijd en gefascineerd schuin omhoog door de voorruit naar het enorme gevaarte kijk, overvalt mij de sensatie dat ik over het bureau van mijn oma kruip. In zekere zin is het ook als een soort insect dat ik hier 's nachts in het donker rondloop, van de ene naar de andere kamer, op zoek naar een plek waar ik kan schuilen, om altijd te blijven genieten van dit huis, om mij te verbergen voor de verstrijkende tijd en in de hoop dat 34 Pensford Avenue – althans in mijn herinnering – nooit zal veranderen.

25

Bestaat God in Kew? Ik geloof niet dat hij zich daar ooit laat zien. En als hij het probeert, zou Oa hem zeker tegenhouden. Mijn grootouders gaan geen van beiden naar de kerk of naar welk ander gebedshuis ook. Als het om godsdienst in enigerlei vorm gaat, is Oa zelfs uitgesproken anti. Hij heeft het over een priester als 'zo'n vent met een omgekeerd boordje'. Ook van joods geloofsleven valt in hun huis geen spoor te ontdekken. Hebben mijn grootouders ooit een voet over de drempel van een synagoge gezet? Gebeden, symbolen, leefregels, spijswetten: het speelt allemaal geen enkele rol. En als er al objecten in huis zijn met een religieuze betekenis, dan is die ondergeschikt aan hun status als kunstvoorwerp, zoals het houten Shivabeeld dat op de tv staat of de Egyptische shabti's op het Britannica-kastje.

Oma Roosje heeft een geheel eigen geloofsbeleving, die een samensmelting is van uiteenlopende wereldgodsdiensten, een gemeenschappelijke kern waar vele vormen van geloof in samenkomen. Wanneer zij 's avonds bij het instoppen met een kus op mijn voorhoofd *God bless you* zegt, is dat niet een aanroeping van de god der christenen of die der joden, noch ook van enig ander opperwezen, eerder een soort liefdevolle levenskracht waar zij zich geestelijk mee voedt en waarin ze mij wil laten delen.

Het verschil met de kerkelijkheid van thuis kan niet groter zijn. Thuis bestaat geloven uit een gepreveld minigebed voor aanvang van het eten ('Herezegedezespijzamen') en daarnaast uit de zondagse deelname aan hervormde of remonstrantse kerkdiensten, gevuld met langdradige uitkauwerij van Bijbelteksten en tergend traag gezongen liederen. Met enige moedeloosheid onderga ik dit alles, omringd door oude mensen die minstens even vals zingen als ikzelf en dubbel zo langzaam, terwijl mijn moeder in de halfgevulde kerk als enige met een overdreven energieke inzet steeds weer probeert het tempo van de samenzang te versnellen. Tevergeefs, want elke nieuwe te zingen regel uit de zouteloze gezangenbundel lijkt nog het meest op een beginnend geeuwen.

Bij mijn oma is geloof niet zozeer iets sociaals als wel iets persoonlijks, iets innerlijks. Wel krijgt ze af en toe bezoek van ds. Vogel van de Dutch Reformed Church, die voor het kerkblaadje geregeld gedichten van haar vraagt. Vaker komen er een stokoude priester en een even hoogbejaarde rabbijn op de thee, die beiden in de buurt wonen. Als deze geestelijken komen maakt Oa zich altijd bijtijds uit de voeten, want die wenst met religieuze hekserij uiteraard niks te maken te hebben. Met die twee bejaarde heren, van wie er een al tegen de honderd loopt, voert Oma wat je deftig zou kunnen noemen oecumenische gesprekken. Ik ben daar nooit bij, maar ze kan enthousiast over haar geestelijke vrienden vertellen. Vermoedelijk spreken ze gedrieën over zaken van leven en dood op een manier die niet aan één godsdienstig idioom voorbehouden is, in een gemeenschappelijke taal waar religieuze uitingen het uiteindelijk voor hun begrijpelijkheid en geldigheid van moeten hebben, een taal van eenvoud en echtheid.

De rabbijn en de priester zijn blijkbaar eenzelfde houding toegedaan. Oma's verhalen wekken bovendien de indruk dat ze het met z'n drieën vooral erg gezellig hebben. Boven een bepaalde leeftijd maakt het ook niet zoveel meer uit welke belijdenis of denominatie precies de jouwe is. Als er in de straat indertijd ook nog een imam had gewoond, hadden ze die gedrieën probleemloos in hun levensbeschouwelijke theekrans opgenomen. Stel je voor: het vraagstuk der wereldgodsdiensten opgelost bij Oma Roosje op de thee.

De gedichten en de kinderversjes waar mijn oma al haar hele leven mee in de weer is, vormen een uitdrukking van datzelfde levenskunstige, *self-made* geloof. Van kleine gevoelens en gebeurtenissen, van het passeren van de seizoenen, het liggen in je kinderbed, het koesteren van een verdrietige herinnering of het lopen langs de vloedlijn van de zee weet zij levensliedjes te maken, alsof het eigengemaakte kinderpsalmen zijn, berijmde en metrische overdenkingen waarmee ze iets kernachtigs weet te benoemen, een punt waar de waarheid, de schoonheid en de goedheid van het leven elkaar raken, althans elkaar zouden kunnen raken. Met een strenge God of met religieus leven naar de regels van één heilig boek heeft dat niets van doen.

De gedichten die Oma Roosje bijdraagt aan het kerkblad zijn voor haar ook een manier om in haar eigen taal contact te maken met lezers en ook in Engeland enige voortzetting te geven aan haar dichterschap. Ik geloof niet dat ze ooit diensten bijwoont in het gebouw van deze Nederlandse kerkgemeente, daarvoor is haar geloofsbeleving te huiselijk. Over de Bijbel of de Thora heb ik Oma Roosje nooit horen spreken. Ze zal vast wel een bijbel in haar eigen kamer hebben gehad, al heb ik haar er nooit mee bezig gezien, en haar er evenmin ooit uit horen citeren. Ook in haar vooroorlogse radiolezingen voor de AVRO of in haar columns en gedichten ontbreken directe verwijzingen naar de Heilige Schrift. Steevast blijft ze met haar thema's dicht bij huis: ziekte, opvoeding, geluk, ruzie, optimisme, eenzaamheid, doorzettingsvermogen, gezinsleven, humor, school, huishouden, dankbaarheid. Dat zijn de terugkerende trefwoorden. Wanneer de naam van God al een keer valt, is dat eerder bij wijze van goedmoedige krachtterm of als een uitdrukking van persoonlijke levensovertuiging dan dat zij zich in de vorm van een gebed aan een hogere macht zou willen onderwerpen. Door de nadrukkelijke bescheidenheid van haar menselijke perspectief op de dingen creëert Oma als het ware wel ruimte voor een geloof, maar in die aldus ontstane ruimte schrijft ze vervolgens liever een gedicht dan dat ze erin bidt.

Neem het volgende gedicht, dat niet in haar bundel *De top* staat, al dateert het wel uit dezelfde tijd.

Het geeft treffend weer hoe zij in het Scheveningen van 1939 op het strand niet ver van hun huis een antwoord zoekt op haar ongeruste gedachten over de tijd waarin ze leeft. Het is geen grote poëzie, en er zitten nogal wat conventionele frases en beelden in, maar het sentiment dat erin verwoord wordt is echt en de regels lopen lekker.

Op het stille strand

Ik wilde niets zien
dan de helblauwe lucht,
dan de glooiende lijn van de duinen.
Ik wilde niets zien
dan het glinst'rende zand,
dan de wazige wolkenkruinen.
Ik wilde niets zien
dan de loodgrijze zee,
dan de golven die deinen en schuimen
en de helm zo netjes
in bosjes geplant
met hun bevende trillende pluimen.
Ik wilde niets zien
dan het schoons om mij heen,
maar ik heb naast mijn ogen ook oren.
Zo moest ik te midden
van zon en van zee
't kanonnengebulder wel horen!
Ik lag daar heel stil
en ik keek in het rond.
Ik had geen verlangens, geen wensen.

Toen plots'ling die daverende slag,
en ik wist:
ik leef in een wereld van mensen.

R. Asscher-Van der Molen

26

Eigenlijk wil ik helemaal geen narigheid te weten komen over het leven van mijn grootouders in Engeland, over wat zij voor, in of na de oorlogsjaren wel of niet goed hebben gedaan. In ieder leven zijn dingen aan te wijzen die achteraf gezien beter anders hadden kunnen verlopen. Het huis in Kew is wat mij betreft een dierbare idylle, die op een wonderlijke manier voelt als uitgetild boven de kleinheid van het naoorlogse Nederland. Ferdinand Hugo aus der Fünten zit nog stevig opgesloten in de koepelgevangenis van Breda, terwijl Oa en Oma Roosje kibbelend maar tevreden in hun heerlijke huis aan Pensford Avenue wonen. Als dat geen gerechtigheid is!

De eerste smet is ooit, wellicht onbedoeld, door mijn vader geworpen, in een zijdelingse opmerking waar ik toen helaas niet op heb doorgevraagd. Mijn vader had een slechte verhouding met zijn vader. De precieze aard of achtergrond daarvan heb ik nooit goed kunnen interpreteren. Bij alles wat hij over Oa vertelde, voelde ik reeds op jonge leeftijd de volgende dubbele reactie in mij opkomen: a) ik wil het niet horen en b) ik vorm liever mijn eigen mening. Dat is mooi en eigenwijs, wat niet per se verkeerd is, maar je een mening vormen is pas goed mogelijk als je eerst de feiten kent en bereid bent om deze in je oordeel te betrekken. Daar heb ik mij op verkeken, zo denk ik nu, waarschijnlijk omdat ik het beeld van mijn zeer dierbare grootvader niet aangetast wilde zien. Of later ook uit bescherming – nee, zelfbescherming – uit een egoïstische bekommernis om de onbezoedeldheid van mijn eigen jeugdherinneringen aan de zomerse logeervakanties in Kew.

De enige aan wie ik het nu rechtstreeks heb durven vragen, en die me daarop ook een ondubbelzinnig antwoord gaf, is mijn tante Judith, mijn vaders één jaar jongere zus, die op haar oude dag terug is gekomen naar Nederland en in Baarn is gaan wonen, waar ook mijn moeder woont. Toevallig wonen ze beiden op een steenworp afstand van de Noorderstraat 11, het vroegere adres van Eefje Bree, de moedige leugenaarster die in 1942 met haar notariële verklaring de basis legde voor de redding van het hele gezin van haar zusters oudste zoon.

Judith is vernoemd naar haar grootmoeder, Judith Meijer, de moeder van Oma Roosje. De zus van mijn oma, Margaretha of ook wel Greetje genoemd, die in 1943 samen met haar man Jo in Auschwitz is omgebracht, had een jonge tweeling. Van deze tweeling was er één naar dezelfde grootmoeder Judith genoemd, de andere heette Debora: Judith en Debora. Samen werden ze ook wel liefkozend Jukie en Deetje genoemd.

Van hen bestaat een mooi dubbelportret, gemaakt door een mij onbekende fotograaf, waarop je ze in volstrekt identieke gebreide vestjes en met een strik in hun haar lachend in de camera ziet kijken. Wie de een is en wie de ander, valt niet te zeggen. Daarvoor zou ik de tweeling persoonlijk moeten hebben gekend, en ik heb ze geen van beiden ooit ontmoet. Alle details van deze foto hebben iets snoezigs: de weelde aan melktandjes die ze bloot lachen, de knoopjes van de beide vesten, de strikken in het volle, donkere haar. In de oogopslag valt iets van een familiegelijkenis te bespeuren, tegelijk is die ongrijpbaar. Het enige minder snoezige aan dit portret van de beide meisjes is het jaartal dat erbij hoort: 1941.

Dankzij de inspanningen van het Utrechtse verzet, en vooral de bewaarplaats Kindjeshaven, die als een slim en moedig opgezet reddingsstation heeft gefunctioneerd voor honderden Joodse kinderen, ook uit Amsterdam, overleefden deze Judith en Debora de Jodenvervolging. Ten tijde van de bevrijding waren zij zes of zeven jaar oud, en na een reeks van onderduikadressen en gastgezinnen doorlopen te hebben stonden zij als wezen samen alleen in de wereld. Maar zij hadden – in theorie – tante Roosje en oom Will.

Die twee, mijn grootouders, waren de oorlog met behulp van de truc met de niet-bestaande William Knight doorgekomen. Hun oudste twee kinderen gingen het huis uit, de een om te studeren, de andere om te trouwen. De jongste zou spoedig klaar zijn op de middelbare school en zou dan ook wel gaan studeren. Ook de jongste broer van mijn oma, die na zijn onderduikjaren tijdens de oorlog in huis was opgenomen, zou binnenkort wel op zichzelf gaan wonen. En toen was er plotseling de jonge tweeling, de beide dochters van de omgekomen Greet en Jo, die een thuis, een opvoeding, een toekomst nodig hadden, na alle ook door hen doorstane ellende.

Oma Roosje, zo schat ik in, zou deze verantwoordelijkheid zeker op zich hebben willen nemen. Het waren tenslotte de kinderen van haar bloedeigen zus, en ze had wel voor hetere vuren gestaan. Van huis uit had ze altijd al voor iedereen gezorgd: voor haar invalide moeder, voor haar jongere zusje en drie broertjes, van wie de jongste liefst zeventien jaar jonger was dan zij. Vervolgens voor haar drie eigen kinderen en niet te vergeten voor haar allergrootste 'kind', Ir. W.B.B. Asscher *himself*.

Onbewust heb ik het al wel vermoed, maar als mijn tante Judith het in alle directheid en zonder vertoon van emoties zegt, komt het keihard bij me aan. We zitten in haar zaterdagochtendse koffiehuis De Generaal in Baarn. Ondanks haar hoogbejaarde leeftijd is ze nog kraakhelder van geest. Ze is steeds meer op Oma Roosje gaan lijken, al heeft ze een rijziger en slanker figuur. Terwijl ze me recht aankijkt, antwoordt ze op mijn vraag resoluut: 'Mijn vader had er geen zin in. Weer die jonge kinderen. Dus heeft hij zich naar Londen laten overplaatsen.'

Wie ben ik om hier iets van te vinden? Het is erg gemakkelijk om er, zovele jaren na dato, kritiek op te hebben. En bovendien: zou ik het zelf beter hebben gedaan? En wat zou 'beter' precies geweest zijn? Beter voor wie en in welk opzicht? Wie durft te garanderen dat een pleegouderschap van mijn grootouders voor de tweeling een gelukkige oplossing zou zijn geweest?

Het minste wat je ervan kunt zeggen – aannemend dat het inderdaad waar is – is dat het niet slechts voor de beide kinderen, maar ook voor mijn oma een hard besluit moet zijn geweest. Dat blijkt ook uit het feit dat de meisjes wel degelijk een paar maal in haar dagboek voorkomen. Verdriet of teleurstelling laat ze nergens blijken. Ze schrijft over een afspraak op het Centraal Station in Amsterdam eind 1956. Het is uit de passage niet op te maken of Oa er ook bij is. Ik vermoed van niet:

> Judith en Deetje zouden in het Centraal Station komen. Deetje had een tentamen, dus Jukie kwam alleen. We hebben heel plezierig gepraat.

Bij deze laatste zin kan ik wel janken. 'Heel plezierig gepraat'? Voor wie houdt mijn oma in haar privédagboek hier de schijn op? Heel plezierig gepraat! Wat kan het leven toch verschrikkelijk zijn. Goddank zijn er eufemismen om ons erdoorheen te helpen.

Een paar jaar later is Oma Roosje bij de tweeling thuis op bezoek, op hun kamer in Amsterdam. In haar dagboek verzucht ze dat 'Ju en Dé' nogal 'existentialistisch artistiek' aan het worden zijn. De waarheid is dat de tweeling tijdens en na de oorlog bij elkaar een hele serie van pleeggezinnen heeft doorlopen. Die hulp en dat onderdak zijn ongetwijfeld van beslissende waarde voor ze geweest. Tegelijk kan het niet anders dan dat het ze in de loop der jaren aan een vast familieverband en een stabiele gezinsbasis ontbroken heeft. Zelf heb ik ze nooit ontmoet en dus nooit uit hun eigen mond gehoord hoe hun bestaan in en na de oorlog er precies uitgezien heeft.

Zouden ze nog in leven zijn? Zelfs als ik deze vijfdegraads achternichten zou weten te traceren, wat zou ik hun – onderhand boven de tachtig – te bieden hebben? Begrip? Na al die jaren? Compassie? Praten over vroeger? Wat zouden zij, die zich er een heel leven lang doorheen geslagen hebben, op hun oude dag aan moeten met de idyllische herinneringen van een verre achterneef aan het voor hen volstrekt vreemde huis in Kew? Ze zijn daar vast nooit geweest. Ik kan me zo'n confrontatie in elk geval met geen mogelijkheid voor de geest halen.

In een boek over de oorlogsgeschiedenis van de Utrechtse Maliebaan kwam ik een kort verslag tegen van de hand van jhr. H.W. van der Wyck over de bemoeienissen van zijn familie met wat in verband met Kindjeshaven 'de Joodse tweeling' is gaan heten. Dat bleek inderdaad over Judith en Debora te gaan, die na de gedwongen sluiting van hun Utrechtse schuilplaats vanaf begin 1945 tot aan de bevrijding bij de familie Van der Wyck in Rotterdam ondergedoken hebben gezeten. Die aantekeningen passen allemaal goed in het beeld dat ik mij van hun geschiedenis heb gevormd, maar met de grootste verbazing lees ik de slotalinea's van Van der Wycks verslag, dat hij in 2004 op hoge leeftijd opstelde:

Het bleek een aardig, rustig en gezeggelijk stel kinderen te zijn. Hoewel al leerplichtig, waren ze natuurlijk nog nooit op school geweest. Daarom heb ik ze, tijdens hun verblijf bij ons, zoveel lezen, schrijven en rekenen geleerd, dat ze na de bevrijding moeiteloos in de eerste klas konden meedoen en over konden gaan naar de tweede.

Op 15 juli werd er bij ons aangebeld, en daar stond een ons onbekende dame, die zich voorstelde als Mevrouw Asscher-Van der Molen, en vroeg of de tweeling Jukie en Deetje bij ons was. Het bleek hun tante, een zuster van hun moeder, te zijn. Ze had ons adres van Het Roode Kruis op gekregen.

Voor de rest kan ik kort zijn. Zij heeft de beide meisjes later opgehaald en, toen zij naar Londen verhuisde, meegenomen. Wij zijn ze uit het oog verloren en hebben niets meer van ze gehoord.

Blijkbaar gingen ook anderen er zonder meer van uit dat 'tante Roosje en oom Will' hun verantwoordelijkheid zouden nemen, of dat nu in Nederland gebeurde of in Engeland. Maar zo is het niet gelopen, en niemand is er ooit meer bij de familie Van der Wyck op teruggekomen.

Het is onzin als ik me nu, ruim zeventig jaar later, een beetje plaatsvervangend ga schamen voor het feit dat mijn grootvader in 1947 een morele opdracht van het lot naast zich neergelegd zou hebben. Als dat inderdaad al het geval is geweest. De uitspraak van zijn dochter: 'Mijn vader had er geen zin in', die liegt er niet om, maar betekent dat ook dat het dus de waarheid is?

Navraag bij mijn Engelse nichtjes, de dochters van oom Dolf, levert enkele dagen later over de e-mail een door hen uitgetypt autobiografisch verslag op dat hun vader tegen het einde van zijn leven op schrift stelde. Hij schreef het met de hand, en leed in zijn laatste jaren aan maculadegeneratie, zodat het handschrift niet eenvoudig te ontcijferen moet zijn geweest. Het meeste van wat hij schrijft (over Scheveningen, Westerbork en Den Haag) is mij bekend. Aan het slot van wat de auteur met een knipoog *The Life and Times of Adolf William Asscher* heeft genoemd, komt ook de tweeling ter sprake:

> But suddenly all this was disrupted in 1947 when my father decided to transfer to Shell in London. This move was probably partly precipitated by the fact that my mother's sister (Greetje) had been killed during the war and had left her twins in a farm in the South of the country. My mother then took them into our house. My father was not amused as he already had to look after her younger brother and he didn't want these two girls aged about 9 to 'disturb' his household. My mother was very upset about this and very reluctantly agreed for the twins (Debora and Judith) to be adopted by a non-Jewish family in Warshevar.

De raadselachtige plaats Warshevar (Varsseveld? Wassenaar? Warnsveld?) is waarschijnlijk te wijten aan het bibberige handschrift van de hoogbejaarde auteur. Voor het overige wordt hier duidelijk dezelfde geschiedenis verteld, maar als twee kinderen hetzelfde verhaal over hun vader vertellen, is het dan waar?

In theorie hadden de twee meisjes mee kunnen gaan naar Engeland. Hadden ze daar niet, net als Dolf, een liefdevol gerepareerde jeugd kunnen doorbrengen? In dat geweldige huis in Kew?

'In theorie'. Waar bemoei ik me mee? Wat weet ik ervan? Wie ben ik om hier vele decennia later een mening over te gaan zitten geven? En zelfs als ik me daartoe gerechtigd zou voelen, mag ik er ook voor kiezen om voor mijzelf het beeld van mijn zo innig dierbare, bijzondere grootvader intact te laten, en het vellen van morele oordelen liever aan anderen over te laten? Of is het laf om niet gewoon te zeggen wat ik ervan vind? Het is toch zeker wel duidelijk wat ik ervan vind? Wie zal ooit de wendingen in mijn eigen leven onder een zestien keer vergrotende loep leggen en betweterig suggereren op welke punten ikzelf beter anders had kunnen handelen dan ik heb gedaan?

Nu heb ik wel lang genoeg wakker gelegen en ik kom hier niet uit, dus sta ik maar eens op. Het kan me niet schelen hoe vroeg of hoe laat het is. Ik loop zacht naar beneden en als een vleug uit het verleden ruik ik halverwege de trap de geur van versgeperst sinaasappelsap.

27

Is slaap een soort autoriteit die kan geven of nemen? Een rechtbank die kan veroordelen of vrijspreken? Is slaap een tegoed, waar de een te veel van heeft en de ander een tekort? Of is slaap een parallelle wereld waar je dromend en speurend in kunt ronddwalen indien je de juiste toegang eenmaal hebt gevonden en met een behoedzame stap over de gouden drempel naar binnen bent gegaan? Misschien is het niet meer dan een ruimte waar je in tuimelt zodra je van de bewuste plattegrond af stapt.

Het laatste hoop ik niet, want in dat geval ben ik, ook als ik in mijn bed lig, een gedoemde wandelaar die onophoudelijk rondzwerft en nacht na nacht op zoek is naar de rand van het dagelijks bestaan, en enkel nog meer grond en nog meer water voor zich ziet.

Wakker liggend denk ik soms aan een film die ik ooit zag over een noodlottige bombardementsvlucht tijdens de Tweede Wereldoorlog. Zwaar gehavend door het Duitse luchtafweergeschut keert zo'n enorme Britse bommenwerper over het Kanaal terug naar Engeland. Diverse bemanningsleden zijn dood, geraakt door rondvliegende granaatscherven of mitrailleurkogels. Een boordschutter hangt stervend in zijn veiligheidsgordels, de nog levende bemanningsleden brengen zich in veiligheid door met hun parachute in zee te springen. In de cockpit zit alleen nog de gezagvoerder van het vliegtuig, die tegen beter weten in probeert om niet in zee te storten. Hij is zelfs vastbesloten met de allerlaatste brandstof die hem nog rest in de doorzeefde tank het steeds lager vliegende toestel op Engelse bodem aan de grond te zetten. Die piloot is zo'n karakteristieke mannelijke filmheld, type Sterling Hayden of Robert Ryan. Door uitputting en bloedverlies komt zijn vastberadenheid steeds krankzinniger over. Hoewel alle mitrailleurs van het toestel al eerder overboord zijn gegooid om nog een beetje hoogte te winnen, raakt het landingsgestel af en toe het water, terwijl in de verte de *white cliffs* van de Britse kust opdoemen. Twee van de vier motoren hebben het intussen begeven, de derde sputtert al. De piloot spoort zijn toestel met woeste armbewegingen aan, alsof het een paard is waarmee hij de Grand National moet winnen. Hij slaagt erin zijn B-17 nog iets op te trekken, en schreeuwt een triomfkreet, tot hij opzij-kijkend ziet dat nu ook de vierde en laatste propeller hapert. Onverbiddelijk zijn daar de krijtrotsen.

Is slapen een vorm van niet neerstorten, en staat wakker worden gelijk aan te pletter vliegen? In mijn halfslaap probeer ik mij zo lang mogelijk in de lucht te houden, zonder het water te raken dat mijn slaap verhindert en in de hoop dat de massieve rotsen nog ver, ver weg zijn en dat ik brandstof genoeg zal hebben om het einde van de nacht te halen.

Voorbij de witte krijtrotsen, als een droombeeld in

de verte, ligt een stralend groen eiland aan de horizon. Daar, in Engeland, staat een huis waar ik altijd welkom ben, waar ik nooit ouder word, en waar ik ieder hoekje, elke kamer, alle muren, schilderijen en meubels, zo goed ken als de vier hoeken van mijn eigen bed. Slaap is wellicht niet meer dan een zak vol herinneringen, plannen en gedachten, die ik 's nachts over mijn schouder sla om op weg te gaan naar Kew, gemeente Richmond upon Thames, Londen, Engeland. Ik weet geen betere, geen vertrouwdere plek, waar alles wat ik was en wie ik ben geworden zozeer in zijn oorsprong samenkomt en in elkaar past.

Waarom ik daar zo gelukkig ben geweest? Die vraag is niet moeilijk te beantwoorden: iedereen hield van me en het leven was goed en smakelijk en zonovergoten. Alles werkte mee om die staat van genade in de ogen van een kind, een kleinkind, tot een vanzelfsprekendheid te maken. Er zijn lastiger vragen: wat heb ik ten onrechte niet gezien? Of ten onrechte klakkeloos geaccepteerd? Waar had ik meer naar moeten vragen? En nog pijnlijker: welke verplichtingen scheppen deze onbezorgde belevenissen? Of is het helemaal niet aan mij de prijs te bepalen die ik voor mijn gelukzalige jeugdherinneringen moet betalen?

Zoals mijn paars gepermanente oudtante Betty, de intens Engelse echtgenote van Oa's jongere broer Martijn, na haar crematie haar as uitgestrooid bleek te willen hebben voor de hoofdingang van het warenhuis Harrods in de Londense wijk Knightsbridge, zo zou ik als mijn tijd is gekomen in een catacombe bij het treurende stenen meisje willen liggen, omringd door de tuin van 34 Pensford Avenue. Daar, in die rustplaats, zou ik moeiteloos de eeuwige slaap kunnen vinden. Tot die tijd loop ik 's nachts rond in dit dierbare huis, vervuld van al het moois en vertrouwds dat daar te vinden is en bedroefd om alle mensen en dingen die er niet meer zijn, om wat beter niet had kunnen gebeuren of wat ik in elk geval liever niet had geweten.

In de eerste haakse bocht van de gang op de bovenverdieping, op weg naar de logeerkamer, ontdek ik op mijn zoveelste wandeling nog een muurkast waar ik eerder vele malen gedachteloos aan voorbij ben gelopen. Ik kan niet achter de gesloten kastdeur kijken, en vermoed dat er lakens, slopen en dekens in zitten, eventueel schoonmaakspullen voor de verderop aan dezelfde gang gelegen badkamer en wc. Terwijl ik voor deze dichte kastdeur sta, kijk ik onwillekeurig naar boven. Daar zit in het plafond een luik naar zolder, waaruit een vlizotrap naar beneden kan worden gelaten. Op deze zolder ben ik nooit geweest; de trap heb ik zelfs nooit in uitgeschoven toestand gezien.

Het is op deze trap dat Oa zich in het voorjaar van 1982 verstapt en een lelijke val maakt. Hij komt ongelukkig terecht en moet het ziekenhuis in. Dat is niks voor hem. Hij die er altijd van overtuigd is geweest dat hij de honderd zal halen – zijn grootvader werd zevenennegentig – gaat snel achteruit en op 19 juli van datzelfde jaar sterft hij, 'slechts' zesentachtig jaar oud. In februari 1974 hadden we nog met alle kinderen en kleinkinderen de gouden bruiloft van mijn grootouders gevierd met een grootscheeps *déjeuner dinatoire* in de Hurlingham Club van tante Judith. Niet in Oa's eigen Lensbury Club, die was voor de gelegenheid kennelijk niet chic genoeg. Anderhalf jaar later, in september 1975, vierden we met precies zo'n zelfde lunch op exact dezelfde locatie de tachtigste verjaardag van Oa. Er zal zeker gespeecht zijn en iedereen was ongetwijfeld op zijn paasbest gekleed, toch herinner ik me van beide gelegenheden hoegenaamd niets. En voor zover ik me vaag iets van deze twee bijeenkomsten herinner, lopen ze in mijn geheugen volledig in elkaar over. Als enige losse flard staat me bij dat ik voor een van mijn Engelse nichtjes de geheimen van de Nederlandse taal probeer te ontsluieren door lettergrepen van Nederlandse woorden door Engelse woorden te vervangen: *spare*, *see*, *bow*, *nun*. Zo kunnen ze eindelijk een paar woorden 'Nederlands' spreken.

Oma Roosje blijft nog bijna tien jaar in het huis in Kew wonen. Ze toont zich voortreffelijk in staat om alle dingen waar haar echtgenoot al die jaren exclusief voor had gezorgd voor haar rekening te nemen, dan wel ze door anderen te laten doen, te laten onderhouden, repareren of vervangen: de stofzuiger, de boiler, de cv-installatie, de grasmaaimachine met op de grasbak het gouden logo van Jerram & Pearson. De Rover had Oa zelf al de deur uit gedaan, toen hij merkte dat zijn gezichtsvermogen niet meer perfect was. Na zesenzestig jaar lang haar leven met mijn grootvader gedeeld te hebben is haar bestaan de eerste tijd natuurlijk volkomen uit balans, maar na een tijdje hervindt mijn oma haar evenwicht en ook iets van haar oude levenslust. Naar eigen zeggen geniet ze bijvoorbeeld van het kijken naar de door haar gecharterde tuinman, die met ontbloot bovenlijf de tuin geheel naar eigen inzicht verzorgt, maar haar onvermoeibaarheid begint geleidelijk af te nemen.

De historische storm in de nacht van 15 op 16 oktober 1987, die in de Royal Botanic Gardens van Kew enorme schade veroorzaakt – honderden, veelal eeuwenoude en zeldzame bomen leggen er het loodje –, zorgt ook in de tuin van 34 Pensford Avenue voor niets minder dan een ravage. Op een paar exemplaren na staan alle fruitbomen genadeloos geknakt of liggen ze tegen de grond geblazen.

In een tot de randen volgeschreven brief meldt Oma Roosje in de herfst van 1989 hoezeer het haar spijt dat ze niet aanwezig kan zijn bij mijn huwelijk. ‘Zelf ben ik moe, oneindig moe,’ schrijft ze er eerder als verzuchting dan als verontschuldiging bij. In mei 1990 vieren we – als altijd in dezelfde Hurlingham club – haar negentigste verjaardag met een *birthday luncheon*, die van ‘Cocktail de crevettes’ via ‘Melon parisienne au porto’ en ‘Carré d’agneau au moutarde anglaise’ naar ‘Trois glaces au tranche’ voert, gevolgd door ‘Café et menthes’. Het menu bekijken, op postpapier van de in 1869 opgerichte Londense club, stemt weemoedig, want al spoedig na haar negentigste wordt het zelfstandig wonen haar te veel en verhuist ze naar Galsworthy House, een verzorgingstehuis in het naburige Kingston upon Thames, gevestigd in het voormalige woonhuis van de schrijver en Nobelprijswinnaar Sir John Galsworthy. Geen slecht onderkomen voor de schrijfster van één, meer dan een halve eeuw tevoren verschenen dichtbundel, al luidt deze verhuizing het begin van het einde in.

Op 22 augustus 1993 spreek ik haar voor het laatst aan de telefoon om haar de geboorte van mijn eerste dochter te melden. De zeer hoge ouderdom heeft haar reacties scherper gemaakt, en de gebruikelijke warmte is uit haar vroeger zo zachte telefoonstem verdwenen.

'Vera?' vraagt ze bijna protesterend, 'die naam ken ik niet. Wel de VARA,' zo voegt ze er nog in een moment van geestigheid aan toe. De toelichting dat mijn dochter Vera Elisabeth Rosa heet, en dat we met Rosa een vernoeming naar haar overgrootmoeder hebben willen aanbrengen, klinkt over de telefoon blijkbaar niet overtuigend genoeg. Uiteraard had ze voor een achterkleindochter liever 'Roosje' als eerste voornaam gewild, of eventueel 'Judith'. Mijn zelfbedachte naamgrapje, dat mijn dochters initialen tezamen ook weer haar voornaam vormen, laat ik maar onvermeld.

In Galsworthy House overlijdt Oma Roosje enkele maanden later op 20 november 1993, drieënnegentig jaar oud, want 'even oud als de eeuw'. Het huis op Pensford Avenue wordt ontmanteld en krijgt een nieuwe eigenaar. De meeste schilderijen gaan naar de veiling. De meubels worden verdeeld of onderhands verkocht. Er verdwijnt van alles, zoals de bomenschetsboekjes van Oa en de Egyptische kat die altijd op het Britannica-kastje stond. Af en toe herken ik bij een tante of een nicht nog weleens een schilderij of een bijzettafeltje. Het lijken overblijfselen van een verdwenen beschaving die op verspreide plaatsen ter wereld hun rustplaats hebben gevonden. Dat is goed om te zien, tegelijk heeft het iets treurigs, want tevergeefs proberen deze voorwerpen in hun nieuwe omgeving een herinnering vast te houden waarvan de voedende bron verdwenen is. Ze zijn als machteloze onderdelen van een vroeger systeem, dat ooit perfect heeft gefunctioneerd maar nu niet langer op de centrale boiler room is aangesloten.

Gelukkig krijg ik ook een paar spullen in handen: knipselboeken, snuisterijen, de werken van F. Ossendowski en Lin Yutang. Vermoedelijk zijn dat dingen waarvan andere leden van de familie zullen zeggen dat ze 'verdwenen' zijn, want zo tweezijdig is die waarheid nu eenmaal. Later, na het overlijden van mijn vader, krijg ik ook de mappen met oorlogspaperassen van de familie in bezit. Ik berg die zorgvuldig in dozen op en verhuis ze diverse keren met me mee.

Pas na jaren kom ik ertoe om het allemaal te bekijken, te ordenen en erin te lezen: het dagboek van Oma Roosje, de rij ingebonden Delftse collegedictaten van Oa, de brieven, de verzoekschriften, de octrooibewijzen, de knipsels, de foto's, een persoonsbewijs van mijn grootvader uit 1943 ('Bezit tevens Britsche nationaliteit') met een afdruk van zijn rechterwijsvinger, de *Arbeitskarte* van mijn oma uit Westerbork, waarop getypt staat: '*Schule Lehrerin* Groep DB 10'. Zouden er nog mensen in leven zijn die als kind bij haar in de klas hebben gezeten?

Later heb ik wel gedacht dat ik mij meer had moeten inspannen om nog een paar memento's – niet zozeer kostbaarheden als wel karakteristieke voorwerpen – uit het huis te redden. De miniatuurversie van het Atomium. De kwastendoek. Een van de Japanse prenten uit de logeerkamer. Het klokje met de gongslag. De zilverkleurige, uitschuifbare loep die zestien keer vergroot. Een van de vijf shabti's van het Britannica-kastje. Of enkel zo'n Keuls boterpotje uit de keuken, eentje maar. *Anything*. Dingen met een verhaal. Alles wat drager is van herinneringen of wat mijn autobiografische geheugen kan blijven voeden is mij nu eenmaal veel waard, al zijn het ook niet meer dan brokstukken, ruimteschroot uit het verleden, afgebroken fragmenten. De luttele weken waarin een familie na een sterfgeval haar eigen geschiedenis verorbert, vormen geen uitnodigend drama om aan deel te nemen. Of simpeler gezegd: uit alles werd mij duidelijk dat ik me er beter niet mee kon bemoeien; het was al ingewikkeld genoeg.

Van een voorschot op royalty's dat ik in dezelfde tijd van een Duitse uitgeverij ontving – in een misplaatst sarcastisch moment noemde ik het mijn eigen Wiedergutmachung – kocht ik online bij een Engels antiquariaat precies zo'n zelfde vooroorlogse set van de Encyclopaedia Britannica, met bijbehorend houten boekenkastje. De Perzische loper met de shabti's van lapis lazuli, de Egyptische kat op de rechthoekige houten sokkel en de Indische kris pusaka van mijn vader moet ik er zelf bij denken. Voor het overige laat dit boekenkastje zich nu in mijn eigen woonkamer heel goed als *the real thing* vereren, zoals de uitvoering van een opera of een symfonie wel en tegelijk ook niet hetzelfde stuk is dat ooit in première is gegaan.

Afgezien van mijn nachtelijke rondwandelingen ben ik het huis nog één keer in het echt gaan bekijken. Dat had ik beter niet kunnen doen, maar ik was in Londen, had toevallig nog een paar uur over en kon het niet laten om er even langs te gaan. Het was druilerig weer, in januari, een jaar of wat geleden. Langslopend en een beetje stiekem – niet open en voluit – naar opzij kijkend, zag ik het huis en kon ik tegenover mezelf net doen alsof het regendruppels waren op mijn wangen. Misschien waren het dat ook wel.

Epiloog

Je kunt 's nachts in gedachten of in halfslaap of – wie weet – dromend in een onbereikbaar geworden huis rondlopen tot je erbij neervalt. De vraag is of je geheugen daar nu echt op een betrouwbare manier door wordt geactiveerd. Zou ik me 34 Pensford Avenue echt te binnen kunnen brengen, zo vroeg ik me af, voordat ik aan dit boek begon. Of waren het niet meer dan vage herinneringsatmosferen, met hier en daar een toevallig detail, waar ik de misvatting aan zou ontlenen dat het me een halve eeuw later allemaal nog zo scherp bijstaat.

Aanvankelijk dacht ik dan ook dat ik voor de reconstructie van mijn herinnering aan het huis wel baat zou hebben bij de nodige geheugensteuntjes. Bij toeval kwam ik een in Nederland gevestigde webwinkel op het spoor die uitsluitend Engelse levensmiddelen en huishoudelijke artikelen verkoopt. Alleen al de lijst met producten doornemen was onbekommerd genieten. Een hele pagina Ribena (spreek uit: 'Rai-Bie-Nah'), die verschrikkelijk lekkere zwartebessensiroop die aan de keukentafel in Kew zo puur en zoet en bessig over de bolletjes vanilleroomijs heen gegoten werd. Een werkelijk geweldige combinatie. Terwijl ik deze woorden schrijf, wentelt mijn tong zich tevergeefs tegen mijn verhemelte om de smaak nog eens op te vangen. Toch zag ik ervan af om het opnieuw te gaan proeven. Dat kon alleen maar tegenvallen, en bovendien bleken er intussen zoveel verschillende soorten en varianten te zijn dat ik niet meer goed kon uitmaken welke nu de originele versie was.

De winkel had ook Imperial Leather, de zeep van Oa, en daar kon ik echt geen weerstand aan bieden. Die geur, die had ik zo lang niet meer geroken. Dat kon onmogelijk tegenvallen. In mijn gretigheid deed ik een zo enthousiaste webbestelling dat ik per ongeluk '6' stuks invulde, me niet realiserend dat de 'stuks' per stuk al zes zeeptabletten bevatten. Het gevolg was dat ik een paar dagen later van een bezorger aan de deur een enorme doos met zesendertig stukken Engelse zeep in ontvangst mocht nemen. Al die tabletten wassen en ruiken heerlijk en de doos is nog lang niet leeg, want – overvloed of niet – ik doe er natuurlijk wel heel zuinig mee. Deze zeep, die trouwens in Engeland in iedere goedkope drogisterij te krijgen is, hielp mij in elk geval om mijn zintuigen, mijn speurzin, mijn geheugenscherpte te prikkelen, en waar die tekortschoten een voldoende verwante verbeelding in werking te stellen.

Maar deze overwegingen hadden allemaal betrekking op de voorbereidende fase van dit boek, en die was reeds lang achter de rug. Sterker nog: het boek zelf was al bijna verleden tijd. De vraag was dus niet zozeer hoe het tot stand kwam, de vraag was eerder (zoals Pichegru zou zeggen): wat nu?

Die vraag kon ik aan niemand beter voorleggen dan aan Erik, die er vaak – hoewel niet alle jaren – tijdens de zomerse logeerpartijen in Kew bij was geweest. In elk geval heeft hij ongeveer dezelfde dingen in ongeveer dezelfde periode op ongeveer dezelfde manier meegemaakt, en dat alles maakte hem tot de ideale persoon om mee te overleggen.

'Omdat hij het was, omdat ik het was,' zoals Michel de Montaigne over zijn broederlijke vriendschap met Étienne de la Boétie zei, verliep dat overleg voorspoedig en binnen enkele dagen lag er een plan voor een tweepersoonsreisje naar Londen, waar wij samen nog een keer in de buurt van Pensford Avenue zouden gaan rondkijken en – minstens zo belangrijk – waar we bij het kantoor van de Royal Botanic Gardens belet zouden vragen om te bespreken of wij zo'n parkbankje zouden mogen doneren, met daarop een schildje voorzien van een tekst ter herinnering aan onze belevenissen daar.

Zo'n impulsief gezamenlijk plan hadden wij in Londen al eens eerder uitgevoerd. Dat was na afloop van de uitvaartplechtigheid van Oa in de zomer van 1982, op Chiswick Cemetery, niet ver van Kew. Aansluitend gingen we nog met de hele familie koffiedrinken, en daarna nog iets sterkers, bij tante Judith thuis in Roehampton, waar zij naast haar geliefde golfclub woonde. Het was allemaal goedbedoeld en dierbaar, zo met elkaar, toch was ik er een beetje klaar mee. Als oudste kleinzoon (met de schaduw van mijn voorganger achter mij) had ik op de begrafenis gesproken, daarna was ik even achter om de aula gelopen om flink uit te snikken en vervolgens had ik mij weer grootgehouden. Op een gegeven moment, met mijn kopje thee en vervolgens mijn glaasje in de hand – kleine driehoekige sandwiches met komkommer en met zalm onder handbereik –, hield ik het niet meer uit.

‘Kom mee,’ fluisterde ik tegen Erik. En tegen de rest van de familie verkondigde ik, waarschijnlijk tot hun niet geringe verrassing: ‘Erik en ik gaan even de stad in.’

Per taxi lieten wij ons op goed geluk naar de Royal Albert Hall vervoeren, waar door een godswonder nog twee kaarten te krijgen waren voor het concert die avond in het kader van de Proms, met Ida Haendel als soliste in het vioolconcert van Johannes Brahms. Dat mijn tweede dochter Ida heet, heeft – althans voor mij – met die avond te maken. Het was de beste laatste eer die we gezamenlijk aan Oa konden bewijzen. In de pauze constateerden Erik en ik eendrachtig dat we precies genoeg moois hadden gehoord. We haalden onze jas en liepen het gebouw uit om deze verdrietige en tegelijk bijzondere dag met z’n tweeën af te pilsen, of hoe dat in het Engels heet.

Zo, in eigenzinnigheid en in gezamenlijkheid, voelde ook dit uitstapje naar Kew. Ter voorbereiding maakte ik een concept voor de tekst op de plaquette:

In memory of our grandparents,
Mr & Mrs Asscher-Van der Molen
of 34 Pensford Avenue, Kew,
who taught us to love these gardens.

Maarten & Erik Asscher

Erik vond het prima, maar suggereerde *inspired* in plaats van *taught*. Dat zijn van die kleine, betekenisvolle verschillen. Ik ben de oudste, gezagsgetrouw, en er altijd op uit om te leren wat mij wordt voorgehouden. Hij is de jongste, de eigenwijze, tweeënhalf jaar jongere broer, die veel meer zijn eigen weg vindt. Ik kon slechts toegeven dat 'geïnspireerd worden' mooier is dan 'aanleren'.

Van tevoren stuurde ik een nette brief aan het *fundraising management* van de Royal Botanic Gardens om ons verzoek vast in te dienen en een afspraak voor te stellen voor een van de twee werkdagen die wij in Londen zouden zijn. Toeval of niet, ik deed die brief op de post vanuit Baarn, na een bezoek aan mijn moeder, en ik besloot nog even een kijkje te nemen bij de Noorderstraat 11, het huis van de in 1956 overleden 'tante Eef'.

Het was een wonderlijk buurtje, met ook nog een Oosterstraat, een Zuiderstraat en een Westerstraat. De creativiteit kent geen grenzen. Het leek wel een variant op het Monopoly-spel. Bij de indeling had men zich alleen niet erg aan de werkelijke windrichtingen gehouden, zodat ik een paar maal verkeerd liep. Het huis op nr. 11 bleek bovendien een uiterst bescheiden rijtjeshuis, waar je aan voorbijloopt voordat je er erg in hebt.

Had tante Eef voor haar heldinnenrol in de oorlogsgeschiedenis van mijn familie niet wat meer in ere gehouden kunnen worden? Ik heb zelfs nooit een foto van haar gezien. Had zij kinderen? Zouden er kleinkinderen of achterkleinkinderen zijn? Na al die jaren valt er weinig meer van te maken dan wat ik op deze plaats over haar heb geboekstaafd.

Teruggekomen bij het station van Baarn dronk ik in mijn eentje nog een koffie bij De Generaal. Op het schoteltje kreeg ik er een stukje boterkoek bij. Niet slecht, maar *bei Mutti zuhause* smaakte hij toch beter.

Ruim een maand later, na eerder al een telefoontje uit Kew te hebben gekregen dat de afspraak op een van de door ons gewenste dagen inderdaad kan doorgaan, zitten Erik en ik in het kleine kantoor van Priscilla Buckminster, *Development manager* van de Royal Botanic Gardens. Ze is een attent en precies formulerend, wetenschappelijk overkomend iemand, die in een vorige baan als fondsenwerver bij The Royal Society heeft gewerkt, de Britse Academie van Wetenschappen.

Op een of andere manier voelt ons bezoek aan dit meer dan tweehonderdvijftig jaar oude botanische park als iets vanzelfsprekends, alsof ik hier na een halve eeuw eindelijk thuisgekomen ben. Door het schrijven van dit boek zijn de Gardens mij nog dierbaarder geworden, als een soort hiernamaals voor mijn jeugdherinneringen. Dat hoeft Priscilla Buckminster allemaal niet te weten. Met dit sentimentele bijltje heeft ze in haar werk ongetwijfeld al vaak genoeg gehakt.

Wel blijkt de tekst die we voor de plaquette op ons bankje hebben opgesteld veel te lang te zijn. Vier regels is het maximum, met inbegrip van de ondertekening, en maximaal 25 tekens per regel. Waar blijft op die manier de nuance, de rijkdom van een verloren tijd? Uiteindelijk besluiten we tot de volgende, verregaand ingedikte variant waarin de band met het verleden wordt aangehaald en onze herinneringen tot leven worden geroepen:

Our grandparents Mr & Mrs
Asscher-Van der Molen
live on in these gardens.

Maarten & Erik Asscher

De reis van Amsterdam naar Londen samen met Erik is op zichzelf al een fijne belevenis, een soort re-enactment van hoe dat vijftig jaar geleden verliep, maar dan totaal anders: niks zwaaiende ouders op het buitenbalkon van de vertrekhal, niks speciale stewardess die snoepjes in onze mond doet, maar ook geen gekibbel meer wie zijn elleboog op de gemeenschappelijke leuning van de vliegtuigstoelen mag leggen of wie er deze keer aan het raampje mag zitten.

We logeren in een tamelijk eenvoudig hotel, gelegen aan zo'n typisch Londense *crescent*, een in een flauwe bocht gebouwde straat met een half-ovaal plantsoen ervoor. Door het hele pand heen ligt dubbeldik tapijt, de deuren zijn on-Nederlands hoog en wanneer ik 's ochtends vanuit mijn kamer aan de achterkant geluidloos over de trap naar beneden loop, ruik ik het sinaasappelsap dat in de ontbijtruimte al voor de gasten klaarstaat. Kortom, ik voel me er helemaal thuis, al doe ik zoals altijd 's nachts helaas geen oog dicht.

Na het vertrouwde reisje met de District Line blijken de winkeltjes en het verkeer rond het kleine station van Kew Gardens nog steeds hetzelfde en toch niet hetzelfde te zijn. Zoals die bekende puzzeltekening nooit tegelijkertijd een eend én een konijn voorstelt – het is altijd beurtelings het een óf het ander –, zo is ook onze hereniging met Kew een afwisseling van herkenning en vervreemdheid.

Op weg naar onze afspraak lopen we eerst uitvoerig in de Gardens rond. Het is niets minder dan sensationeel om na al die jaren de geheel gerestaureerde Chinese pagode vanbinnen te mogen bekijken en te beklimmen. Vanaf de hoogste verdieping, uitkijkend over de al kalende bomen, ondergaan we het enorme uitzicht, met op de grijze lijn der horizon de hoogbouw van de Londense City.

Weer beneden gekomen, wandelen we over de eindeloze gazons en spieden rond tussen het herfstige rood en bruin en geel op welke plaats onze bank het beste neergezet zou kunnen worden. Met uitzicht op de pagode lijkt ons uitstekend, maar het kan ook in de buurt van de grote palmenkas, het glaspaleis waarvan ik als kind altijd dacht dat het Crystal Palace was. Tegenover de ingang van de Marianne North Gallery of bij de King William's Temple in de Mediterranean Garden zijn ook goede mogelijkheden. Onder de Libanese ceder die er nog altijd staat, met zijn laaghangende takken? Of is dit een nieuw exemplaar? Goedbeschouwd maakt het niet uit, als het maar hier is, in deze onafzienbare tuinen die in elk seizoen weer een ander soort eeuwigheid in het vooruitzicht stellen.

Op het formulier voor het *Celebrative Program* van de Gardens vink ik in het kantoor van mevrouw Buckminster de optie *Bench* aan. Het keuzelijstje vermeldt nog verder strekkende *dedications to celebrate or remember someone special*. Met dat soort woorden begint het allemaal wel een beetje zweverig te klinken, terwijl er in financieel opzicht behoorlijk stevige afspraken in het spel zijn, maar de ultieme keuze in het donateursprogramma blijkt ook een tamelijk harde, namelijk de optie: *scattering ashes at Kew Gardens*. Zover zijn we nog lang niet, al is het goed om alvast te weten dat het kan.

Onze bank met de plaquette erop zal binnen zes à acht weken geplaatst worden en we zullen er een foto van ontvangen. Als we een volgende keer komen, moeten we alleen niet verbaasd zijn, zo waarschuwt mevrouw Buckminster, dat hij wellicht een stukje verderop staat, omdat bezoekers een bank soms net ergens anders neerzetten, op een plaatsje in de zon of juist in de schaduw. Er is voor de Gardens geen beginnen aan om dat allemaal te monitoren. Wij begrijpen het en zijn allang tevreden met het idee dat hier, ter ere van Oma Roosje en Oa, gegarandeerd voor de komende tien jaar onze eigen houten parkbank zal komen te staan.

Even later nemen we afscheid en lopen we tussen de vele andere bezoekers naar de uitgang van het grote park. Uiteindelijk zal onze bank op het gazon schuin vóór de King William's Temple worden geplaatst, zo hebben we afgesproken, langs de door bomen omzoomde laan die helemaal aan het eind uitkomt bij de pagode.

Al die jaren, wanneer ons vliegtuig uit Amsterdam de daling op weg naar Heathrow inzette, konden we – althans diegene van ons tweeën die in de *window seat* mocht zitten – door het kleine ovale raam de pagode als herkenbare verwelkoming al in de diepte zien staan. Van bovenaf leek het bouwwerk klein genoeg om het zo met je hand uit het park te plukken, zodat je het vervolgens in losse puzzelstukjes uit elkaar zou kunnen halen.

Ik neem me voor hier nog eens met mijn broer terug te komen, om gezamenlijk op onze eigen houten bank te zitten, elk met onze eigen armleuning en onze eigen gedachten en herinneringen. Wie op dat moment hoog boven ons, vanuit een van die overvliegende vliegtuigen, naar omlaag kijkt zal ons misschien zien zitten, twee piepkleine stipjes, twee minuscule figuren in een landschap. Tien tegen één dat onze gedachten en herinneringen daar op die bank samenkomen op het adres 34 Pensford Avenue.

Ook wil ik het huis in Kew en de Gardens en ons

bankje aan mijn jongste dochter Lisa laten zien. Zij is nu net zo oud als ik was toen ik in 1974 in dat archeologiekamp in het Hollandse boerenland aan het spitten was. Zelf ben ik, terwijl ik dit schrijf, even oud als mijn grootvader in mijn geboortejaar was.

In haar onderlinge verhoudingen is een familie een soort heelal. Als kind dacht ik dat hemellichamen altijd op een vaste, individuele plaats in de zwarte oneindigheid staan, maar al spoedig werd mij geleerd dat al die sterren, planeten en manen in samenhang door de ruimte bewegen en dat hun omwentelingen en bewegingen ten opzichte van elkaar aan even onzichtbare als ingenieuze krachten gehoorzamen. Elk van die hemellichamen heeft zo zijn karakteristieke eigenschappen, zijn eigen zwaartekracht, een klimaat dat meer of minder leefbaar is. Zo is het ook in de schepping die een familie is. In mijn persoonlijke dampkring, bijvoorbeeld, heerst slapeloosheid. Maar een probleem waarmee je door de jaren heen vertrouwd bent geraakt, waarmee je je volledig vereenzelvigd hebt, dat is bij nader inzien helemaal geen probleem; dat ben je gewoon zelf. Een planeet weet ook niet beter dan te gehoorzamen aan de wetmatigheden van het stelsel waar hij deel van uitmaakt.

Toen ik onlangs in Parijs ’s avonds laat op weg was van de Métro naar mijn gebruikelijke hotel, wandelde ik met opzet via de rue Durtal. Ik had al wel verwacht dat die Japanse pop-upwinkel er niet meer zou zijn, maar tegen beter weten in liep ik in het donker toch een stukje om. Er bleek nu een beddenzaak in het pand te zitten. In het interieur van de winkel brandde één plafondlamp, die een gelig schijnsel wierp op stapels matrassen en hoofdkussens langs de muren. Tegen die verlichte achtergrond viel de naam van de winkel goed te lezen, zoals die in sierletters op de etalageruit was gekalligrafeerd: SAISIS LA NUIT.

De winkel was potdicht, en ik had hier rond middernacht sowieso niets te zoeken. Door het donker liep ik het laatste stukje naar mijn hotel. Voor mijn doen sliep ik die nacht heel behoorlijk en als ik al iets droomde, dan ben ik straal vergeten wat het was.

Verantwoording

De oorlogsgeschiedenis van mijn grootouders en hun drie kinderen zoals in dit boek weergegeven, is geheel op de werkelijkheid gebaseerd, maar bij de inbedding daarvan in mijn eigen herinneringen zijn de vrijheden die het genre van de roman verschaft mij goed van pas gekomen.

Ter bescherming van hun privacy heb ik in dit boek sommigen niet bij naam aangeduid of alleen hun voornaam vermeld. Weliswaar is iedereen via het internet min of meer gemakkelijk te traceren, maar dat zou ook gelden indien ik bepaalde personages een andere naam zou hebben gegeven. Voor een vergaande fictionalisering leende het verhaal zoals ik het wilde vertellen zich niet. Als iemand zich door deze roman gekwetst voelt, dan spijt me dat. Op de punten waarop het ertoe doet, heb ik in elk geval geprobeerd zo eerlijk mogelijk te zijn.

Bij zijn leven wilde mijn vader niet dat ik de oorlogsgeschiedenis van het gezin waarin hij opgroeide zou beschrijven, aangezien het volgens hem *zijn* geschiedenis was en niet de mijne. Nu, jaren later, heb ik er toch een boek van gemaakt, al was het maar om deze geschiedenis, ongeacht van wie die is, in elk geval een keer als *mijn* verhaal te vertellen.

MA

Amsterdam-Poulfoën-De Wijk
1 maart 2018 – 2 november 2019